世界研学旅游组织"十四五"规划研学旅行管理与服务专业精品教材

高等教育"十四五"规划研学旅行管理与服务专业系列教材

研学旅行市场营销

主　编：田志奇

副主编：宋淑霞　汤宁滔　黄　芬

编　委：（排名不分先后）

　　　　褚欣维　褚佳斌　龚胜先　侯小刚

　　　　黄　芬　姜　鹏　俞曹蓉　林　颖

　　　　刘宝钢　宋淑霞　汤宁滔　田志奇

　　　　李月梅　王小燕

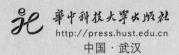

中国·武汉

内 容 提 要

本书由一线行业实际"操盘手"领衔编写;在编写过程中结合了大量实操案例。本书对研学旅行产品市场供给分析、定位、品牌构建、渠道营销、新媒体营销、研学旅行智慧营销平台等核心内容进行了详细论述,同时注重国际前瞻思想与中国特色的结合,注重研学实践与教育规律的融合,对基地、机构以及学生进行研学旅行产品的设计、研学旅行品牌构建及研学旅行市场推广能力的培养具有很强的针对性。

图书在版编目(CIP)数据

研学旅行市场营销/田志奇主编.—武汉:华中科技大学出版社,2023.3(2024.9重印)
ISBN 978-7-5680-9162-6

Ⅰ.①研… Ⅱ.①田… Ⅲ.①教育旅游－市场营销 Ⅳ.①F590.75

中国国家版本馆CIP数据核字(2023)第044270号

研学旅行市场营销
Yanxue Lüxing Shichang Yingxiao

田志奇　主编

策划编辑:李　欢　汪　杭
责任编辑:刘　烨　聂筱琴
封面设计:廖亚萍
责任校对:曾　婷
责任监印:周治超

出版发行:华中科技大学出版社(中国•武汉)　　电话:(027)81321913
　　　　　武汉市东湖新技术开发区华工科技园　　邮编:430223
录　　排:孙雅丽
印　　刷:武汉科源印刷设计有限公司
开　　本:787mm×1092mm　1/16
印　　张:12
字　　数:272千字
版　　次:2024年9月第1版第2次印刷
定　　价:49.80元

本书若有印装质量问题,请向出版社营销中心调换
全国免费服务热线:400-6679-118　竭诚为您服务
版权所有　侵权必究

世界研学旅游组织"十四五"规划研学旅行管理与服务专业精品教材

高等教育"十四五"规划研学旅行管理与服务专业系列教材

丛书编审委员会

总主编

马　勇　国家高层次人才特殊支持计划领军人才，国家"万人计划"教学名师

　　　　教育部高等学校旅游管理类专业教学指导委员会副主任

　　　　中国旅游研究院生态旅游研究基地首席专家

　　　　教育部旅游管理专业虚拟教研室负责人

　　　　湖北大学旅游发展研究院院长，教授，博士生导师

杨振之　世界研学旅游组织执行主席

　　　　中国旅游协会地学旅游分会副会长

　　　　四川大学旅游学院教授、博士生导师，四川大学旅游与休闲研究中心主任

　　　　成都来也旅游发展股份有限公司创始人

编 委

（排名不分先后）

郑耀星	田志奇	林贤东	饶英华
谢祥项	吴耿安	陈创光	林小凡
李　玺	张胜男	马庆琳	陈金龙
许昌斌	郑远帆	吕　明	黄　文
黄安民	李　慧	刘宏申	王　英
李建刚	董良泉	杨　娇	孟玲玉
卫　红	郭晓康	张云萍	吴　矜
潘淑兰	郭晓晴	张　超	陈　蔚
王　军	陈加明	姜　雪	童　昀
谷　音	贾朋社	钟　畅	彭小舟
韦欣仪	刘雁琪	董之文	

序一
Foreword 1

读万卷书,行万里路。游学,自古以来便是我国学子增长见识、提高学问的方式。自2016年教育部等11部门印发《关于推进中小学生研学旅行的意见》以来,研学旅行在我国迅速发展并呈现出强劲的增长势头。2019年,教育部在普通高等学校高等职业教育专科层次增补研学旅行管理与服务专业。2021年,文化和旅游部印发《"十四五"文化产业发展规划》,提出开发集文化体验、科技创新、知识普及、娱乐休闲、亲子互动于一体的新型研学旅游产品。

研学旅行这一新业态的迅速发展,迫切需要大量的专业人才,因此,编制出版一套高水平、高质量、适应产业发展要求的教材十分必要。

教育部直属全国"双一流"大学华中科技大学出版社联合世界研学旅游组织,立项重点课题"基于研学旅行专业人才培养目标的课程体系建设与教材开发",旨在编写一套既具有国际视野,又具有中国特色;既有科学理论,又有实操指导;既适用于高等院校,又适用于行业从业者的高水平教材。2020年世界研学旅游大会正式发布了本课题及组稿邀请函,得到全国40余所知名院校的教授、专家、学科带头人,以及近百所研学旅行基地(营地)、研学旅行服务机构专家,以及中小学骨干教师的积极响应和参与。课题成果最终凝结为本系列教材。

本系列教材首批规划9本,包含《研学旅行概论》《研学旅行资源导论》《研学旅行课程开发与管理》《研学导师实务》《研学营地基地运营管理》《研学旅行产品设计》《研学旅行项目开发与运营》《研学旅行市场营销》《研学旅行安全管理》,基本涵盖了当下研学旅行业态的各重要环节。本系列教材具有如下特点。

一、国际视野,中国特色

本系列教材的作者来自全国各地,他们不仅有国际化视野与丰富的海外学习或教学经验,同时还是高等院校或研学旅行基地(营地)的负责人,在撰写书稿时,既参考吸收了国际先进方法,又融入了中国特色、家国情怀与实操经验。

二、名师团队,先进引领

本系列教材由中组部国家高层次人才特殊支持计划领军人才、教育部旅游管理类专业教学指导委员会副主任马勇教授和世界研学旅游组织主席杨振之教授担任总主编,各分册主编由来自四川大学、湖北大学、福建师范大学、湖北师范大学、山西师范大学、华侨大学、澳门城市大学等知名院校的院长、教授、学科带头人以及研学旅行基地(营地)、研学旅行服务机构的负责人担任,他们有着丰富的执教与从业经验,紧跟教育部、文旅部指导意见,确保了本系列教材的权威性、准确性、先进性。

三、理实结合,校企融合

本系列教材各分册均采取校企"双元"合作编写模式,除了具有完备的理论,还引入大量实务案例和经典案例,并在编写体例上注重以工作过程为导向,设置教学项目与教学任务,确保理论与实操相结合。

四、配套资源,纸数融合

华中科技大学出版社为本系列教材建设了线上资源服务平台,在横向资源配套上,提供教学计划书、教学课件、习题库、案例库、参考答案、教学视频等系列配套教学资源;在纵向资源开发上,构建了覆盖课程开发、习题管理、学生评论、班级管理等集开发、使用、管理、评价于一体的教学生态链,打造出线上线下、课堂课外的新形态立体化互动教材。

研学旅行管理与服务作为新增设专业和新兴行业,正步入发展快车道。希望这套教材能够为学子们带来真正的养分,为我国的研学旅行事业发展贡献力量。在此希望并诚挚邀请更多学者加入我们!

马勇

2022 年 5 月

序 二
Foreword 2

  本系列教材是世界研学旅游组织重点课题"基于研学旅行专业人才培养目标的课程体系建设与教材开发"的研究成果。

  在中国,研学旅行正如火如荼地开展,各级政府部门、家长、学校、学生及社会公众对研学旅行的发展,正翘首以待。无论是中国古代的游学,还是西方的"大游学"(Grand Tour),千百年来的实践经验都无一例外地证明了回归户外、自然课堂的研学旅行是提高个人综合素质的不二之选。

  在中国,现代意义上的研学旅行才刚刚兴起,借鉴西方发达国家一百多年来自然教育的先进经验,建立有中国特色的研学旅行教育体系,厘清各种误解,包括理念认知、基本概念和运作上的误解,是我们这套教材编写的出发点。

  因此,本系列教材从编写之初就确立了这样一个原则:国际视野、中国特色,重实践、重运营,将理论与实践结合,做到知行合一。在编写作者的选择上,我们让一些既了解中国国情,又了解国际研学旅行情况的从业人员参与编写,并要求他们尽量研判国际自然教育的发展趋势及研学案例;将高校教师的理论研究与一线研学企业的实操经验相结合。这是本系列教材的一大特色。

  本系列教材可用作高校教材,特别是高等职业学校研学旅行管理与服务专业的教材。

  世界研学旅游组织重视研学旅行对人的成长和修养的价值,倡导研学旅行要从幼儿园儿童、中小学生抓起。研学旅行的目标是提高人的综合素质,真正实现知行合一。研学旅行倡导学生走出课堂,回归大自然,与大自然亲密接触,更注重学生在大自然中的体验和实践,反对走出课堂后又进入另一个教室,反对在博物馆和大自然中还是走灌输知识和说教的老路。没有实践和行动的研学,都达不到研学的目的。

  希望这套教材能为中国方兴未艾的研学旅行事业添砖加瓦,能为读者,尤其是家长带来益处,也算是我们为社会做出的贡献。

  是为序。

杨振之
2022年5月

前言
Preface

研学旅行是"教育+旅游"的融合,在教育部"双减"政策出台的背景下,我国教育事业和旅游产业的发展焕发出新的活力和创造力,研学旅行也迎来了重大发展机遇。但是研学旅行在市场的操作层面还存在诸多问题,如产品结构不平衡、教育属性不强、市场细分不明显、经营体系不清晰、营销方式单一、安全操作不规范等问题,制约了研学旅行市场的健康发展。

本书由一线行业实际"操盘手"领衔编写,编写过程中融入了大量实操案例。本书对研学旅行产品市场供给分析、定位、品牌构建、渠道营销、新媒体营销、研学旅行智慧营销平台等核心内容进行详细论述。研学和互联网的深度结合,势必会带来数字化变革,研学旅行市场营销也会逐渐走向更加精细的数字化营销。同时,本书注重国际前瞻思想与中国特色的结合,注重研学实践与教育规律的融合,对基地、机构以及学生进行研学旅行产品的设计、研学旅行品牌构建及研学旅行市场营销能力的培养具有很强的针对性。希望本书能够成为研学人的案头参考用书。

研学旅行的市场营销有其特殊性,但仍然处在产业的发展阶段,为更好地让学生理解学习内容,本书中每章都有案例导入引导学生进行探究性学习,每章后均有训练,真正做到学做一体化。在实操内容安排上,本书结合了大量实际案例,在增强学生对理论的理解的同时,提升了学生的实践能力。

本书的编写分工如下:世界研学旅游组织亚太区首席运营官田志奇担任主编,负责教材大纲、章节、体例的设计和统稿,编写第六章(研学旅行市场品牌打造及品牌构建策略)、第十章(研学旅行智慧营销平台应用探索),与甘肃古浪县城关第一小学特级语文教师李月梅共同编写第十一章(研学旅行新媒体营销);敦煌研究院宋淑霞编写第七章(研学旅行市场细分与目标市场策略);湖南锦华国际旅行社(IE国际教育)王小燕编写第四章(研学旅行市场客群分析);世界研学旅游组织专家库专家黄芬编写第一章(市场营销概述);韶关学院旅游与地理学院汤宁滔编写第二章(研学旅行市场概述)、第三章(研学旅行市场环境分析);厦门市青少年成长教育协会研学专委会会长刘宝钢与成都来也文旅信息技术有限责任公司林颖共同编写第五章(研学旅行市场营销渠道及拓展策略);海亮教育管理集团侯小刚、姜鹏、褚欣维、褚佳斌、龚胜先、俞曹蓉共同编写第八章(研学旅行市场营销调研)、第九章(研学旅行市场营销计划制订与实施)。

  本书编写得到了乐山市文化广播电视和旅游局、三星村考古探索基地、海南省旅游和文化广电体育厅、河南省文化和旅游厅、洛阳市文化广电和旅游局等单位和机构的大力支持,在此一并表示感谢。

  本书尽可能把握国内外研学旅行的发展趋势,利用校企联合模式,引入国内研学旅行上市企业的先进理念并结合高等职业教育学生的现状和特点,按照理论与实践相结合、学以致用的原则倾力编写,但研学旅行市场正处于不断发展阶段,有其独特性,还需要进一步探索,由于编者水平有限,本书中肯定存在不足之处,若读者发现问题可与我们联系,我们会积极改进,更好助力研学教育的发展。

编 者

2022 年 8 月于洛阳

目录
Contents

第一章 市场营销概述 /001

第一节 认识市场营销 /002
  一、市场的概念与要素 /002
  二、市场营销的概念与要素 /003
  三、市场营销产品 /005
  四、市场营销观念 /006
  五、市场营销环境 /007
  六、市场营销理论 /009

第二节 认识旅游市场营销 /012
  一、旅游产品概念 /012
  二、旅游市场营销概念 /012
  三、旅游市场营销要素 /013
  四、旅游市场营销特点 /014
  五、旅游市场营销环境 /014
  六、旅游市场细分 /015

第三节 认识研学旅行市场营销 /018
  一、研学旅行市场营销概念 /018
  二、研学旅行市场营销产业链 /018

第二章 研学旅行市场概述 /021

第一节 研学旅行行业概述 /023
  一、研学旅行的概念与发展 /023

二、研学旅行产品的特性　　/024
第二节　研学旅行发展历史与现状概述　　/028
第三节　研学旅行市场发展特点分析　　/029
　　一、研学旅行市场发展现状　　/029
　　二、研学旅行市场发展特点分析　　/030
　　三、研学旅行市场面临的困境及解决方案　　/031

第三章　研学旅行市场环境分析　　/033

第一节　研学旅行市场营销宏观环境分析　　/035
　　一、研学旅行与宏观经济环境　　/035
　　二、研学旅行与行业政治环境　　/036
　　三、研学旅行与社会文化环境、科学技术环境、自然生态环境　　/043
第二节　研学旅行市场营销微观环境分析　　/044
　　一、公司、供应商与营销中介　　/044
　　二、研学旅行消费者群体　　/045
　　三、研学旅行企业竞争对手　　/045
　　四、社会公众　　/046

第四章　研学旅行市场客群分析　　/048

第一节　研学旅行市场客群概念及特点　　/050
　　一、研学旅行市场客群的概念　　/050
　　二、开展研学旅行市场客群分析的意义　　/050
　　三、研学旅行市场客群的特点　　/051
　　四、研学旅行市场客群分析的步骤　　/052
　　五、研学旅行市场客群分析的方法　　/055
第二节　研学旅行消费者动机　　/057
　　一、研学旅行的概念及发展　　/057
　　二、研学旅行与消费者动机　　/057
第三节　研学旅行消费者购买动机的影响因素　　/060
　　一、研学旅行产品成本　　/060
　　二、研学旅行企业经营发展战略　　/060
　　三、研学旅行产品特点　　/060

四、研学旅行市场竞争情况　　　　　　　　　　　　/061
　　五、国家政策的影响　　　　　　　　　　　　　　　/061
　　六、社会环境的影响　　　　　　　　　　　　　　　/061
　　七、安全因素的影响　　　　　　　　　　　　　　　/061
　　八、天气的影响　　　　　　　　　　　　　　　　　/062
　第四节　研学旅行消费者购买决策过程　　　　　　　　/062
　　一、需求确认　　　　　　　　　　　　　　　　　　/062
　　二、信息搜集　　　　　　　　　　　　　　　　　　/063
　　三、研学旅行方案评价与选择　　　　　　　　　　　/064
　　四、制定购买方案　　　　　　　　　　　　　　　　/064
　　五、购后行为　　　　　　　　　　　　　　　　　　/065

第五章　研学旅行市场营销渠道及拓展策略　　/066

　第一节　研学旅行产品与市场营销渠道的关系　　　　　/068
　　一、研学旅行产品市场营销渠道概述　　　　　　　　/068
　　二、市场定位　　　　　　　　　　　　　　　　　　/068
　第二节　研学旅行产品开发与市场营销渠道拓展策略　　/071
　　一、研学旅行产品开发策略　　　　　　　　　　　　/071
　　二、研学旅行市场营销渠道拓展策略　　　　　　　　/073
　　三、市场营销渠道的多元化选择　　　　　　　　　　/074
　第三节　研学旅行产品定价与促销　　　　　　　　　　/076
　　一、定价策略　　　　　　　　　　　　　　　　　　/076
　　二、定价方法　　　　　　　　　　　　　　　　　　/076
　　三、促销策略　　　　　　　　　　　　　　　　　　/077

第六章　研学旅行市场品牌打造及品牌构建策略　　/079

　第一节　品牌管理基本概念和研学旅行品牌基本内涵　　/080
　　一、品牌管理基本概念　　　　　　　　　　　　　　/080
　　二、研学旅行品牌基本内涵　　　　　　　　　　　　/081
　第二节　研学旅行品牌产品开发与品牌资产　　　　　　/081
　　一、研学旅行品牌产品开发　　　　　　　　　　　　/081
　　二、研学旅行品牌资产　　　　　　　　　　　　　　/082

第三节　研究旅行品牌核心价值提炼方法　　　　　　　　　/083
　一、调查、分析与评价品牌内外竞争环境　　　　　　　　/083
　二、分析用户需求,重视消费者对品牌的感知　　　　　　/083
　三、分析研学旅行行业品牌竞品的方法和步骤　　　　　　/084
　四、品牌竞品分析的总结报告　　　　　　　　　　　　　/085
　五、资源结构化,确定品牌核心价值　　　　　　　　　　/085

第四节　研学旅行品牌构建路径及品牌导入　　　　　　　/086
　一、研学旅行品牌顶层规划　　　　　　　　　　　　　　/086
　二、研学旅行品牌形象体系建立　　　　　　　　　　　　/088
　三、研学旅行品牌产品体系支撑　　　　　　　　　　　　/091
　四、研学旅行品牌服务体系支撑　　　　　　　　　　　　/091
　五、研学旅行品牌传播体系支撑　　　　　　　　　　　　/092

第五节　从研学旅行品牌构建到受众消费周期导入　　　　/094
　一、市场导入前期　　　　　　　　　　　　　　　　　　/094
　二、品牌成长阶段　　　　　　　　　　　　　　　　　　/094
　三、品牌成熟阶段　　　　　　　　　　　　　　　　　　/094

第六节　研学旅行产品品牌策略　　　　　　　　　　　　/095
　一、研学旅行产品线扩张策略　　　　　　　　　　　　　/095
　二、研学旅行品牌更新策略　　　　　　　　　　　　　　/096
　三、研学旅行品牌联盟策略　　　　　　　　　　　　　　/096

第七章　研学旅行市场细分与目标市场策略　　　　/098

第一节　研学旅行产品的供给分析　　　　　　　　　　　/100
　一、研学旅行产品的概念　　　　　　　　　　　　　　　/100
　二、研学旅行产品的性质与特点　　　　　　　　　　　　/101

第二节　研学旅行产品体系设计　　　　　　　　　　　　/102

第三节　研学旅行主题产品打造　　　　　　　　　　　　/105
　一、自然观赏型　　　　　　　　　　　　　　　　　　　/105
　二、知识科普型　　　　　　　　　　　　　　　　　　　/107
　三、体验考察型　　　　　　　　　　　　　　　　　　　/110
　四、文化康乐型　　　　　　　　　　　　　　　　　　　/112
　五、励志拓展型　　　　　　　　　　　　　　　　　　　/113

第四节　关于研学旅行深度融合的思考　　　　　　　　　　/115
　一、主推"跨界融合"研学旅行产品开发　　　　　　　　/115
　二、科学设计研学旅行课程　　　　　　　　　　　　　/115
　三、优化研学供给体系　　　　　　　　　　　　　　　/115
　四、加强研学导师队伍建设　　　　　　　　　　　　　/116
　五、注重品质，学旅兼顾　　　　　　　　　　　　　　/116
　六、建立研学旅行基地科学评价标准　　　　　　　　　/116

第八章　研学旅行市场营销调研　　　/118

第一节　市场营销调研概述　　　　　　　　　　　　　　/119
　一、市场营销调研的概念与功能　　　　　　　　　　　/119
　二、市场营销调研的类型　　　　　　　　　　　　　　/119
第二节　市场营销调研的过程与方法　　　　　　　　　　/121
　一、市场营销调研的过程　　　　　　　　　　　　　　/121
　二、市场营销调研的方法　　　　　　　　　　　　　　/122
第三节　研学旅行市场营销调研实例　　　　　　　　　　/124
　一、面向B端的市场营销调研　　　　　　　　　　　　/124
　二、面向C端的市场营销调研　　　　　　　　　　　　/128

第九章　研学旅行市场营销计划制订与实施　　　/131

第一节　市场营销计划概述　　　　　　　　　　　　　　/132
　一、市场营销计划的概念与类型　　　　　　　　　　　/132
　二、市场营销计划的内容　　　　　　　　　　　　　　/132
　三、市场营销计划的编制　　　　　　　　　　　　　　/134
第二节　研学旅行市场营销计划的制订要点　　　　　　　/134
　一、面向C端的市场营销计划制订　　　　　　　　　　/135
　二、面向B端的市场营销计划制订　　　　　　　　　　/135
第三节　研学旅行市场营销计划的实施要点　　　　　　　/136
　一、面向C端的市场营销计划实施　　　　　　　　　　/137
　二、面向B端的市场营销计划实施　　　　　　　　　　/139

第十章　研究旅行智慧营销平台应用探索　/142

第一节　研学旅行智慧营销平台概念与特点　/144
一、研学旅行智慧营销平台的概念　/144
二、研学旅行智慧营销平台的特点　/144

第二节　研学旅行智慧营销平台系统概述　/144
一、多商户集群研学旅行课程管理系统　/147
二、多端口展示（"PC＋小程序＋H5"）　/147
三、"研学旅行课程管理＋线上商城"　/148
四、"多功能后台管理＋课程全链路管理"　/149

第三节　研学旅行智慧教具设计及智慧评价系统探索　/152
一、学生行为监控　/152
二、智能学生课后评价　/153
三、智能课程优化建议　/153

第十一章　研学旅行新媒体营销　/156

第一节　研学旅行新媒体的概念与特征　/157
一、研学旅行新媒体的概念　/157
二、研学旅行新媒体的特征　/158

第二节　研学旅行新媒体运营策略及运营工具　/158
一、研学旅行新媒体运营策略　/158
二、研学旅行新媒体运营工具　/161
三、研学旅行新媒体营销的核心　/163

第三节　研学旅行新媒体负面效应及网络舆情管理　/164
一、合理运用不同类型的新媒体，构建立体化的宣传网络　/164
二、重视第三方外力，做好网络舆情监控与管理　/165
三、组织网络舆情危机领导小组，建立回应机制和指挥体系　/165

第四节　打造个人研学旅行品牌　/166

参考文献　/171

第一章 市场营销概述

学习目标

1. 掌握市场及市场营销的概念及要素。
2. 了解市场营销环境、市场营销观念。
3. 了解市场营销几大主流理论。
4. 了解旅游市场营销的概念、要素,以及旅游市场营销环境。
5. 掌握旅游市场细分的基本原理。
6. 掌握研学旅行市场营销概念及其产业链结构。

知识框架

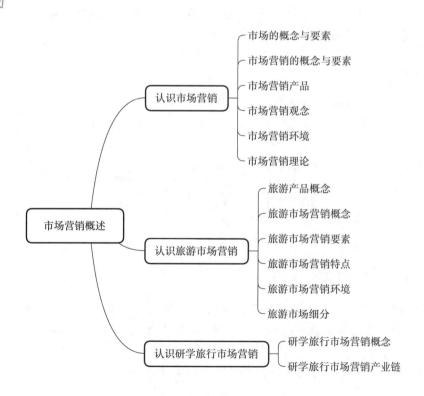

学习重点

1. 市场营销的概念及要素、市场营销环境、市场营销理论。
2. 旅游市场营销的概念、要素及旅游市场细分的基本原理。
3. 研学旅行市场营销概念及其产业链结构。

案例导入

IP营销,引爆流量时代

IP营销借助火爆的品牌效应带动粉丝,从而达到流量与价值的双重变现。品牌与IP要从内容上建立起强关联,深耕于内容的整合营销,从过去传统的去商业化转变为娱乐化,不仅让粉丝观感体验良好,也可以反哺商业销售。

以故宫博物院的文创IP为例。"故宫淘宝"是故宫博物院为销售周边产品而打造的文创IP。腾讯巧妙运用互联网思维,借势故宫强大的流量IP,推出"贱萌的复古"风格,并整合"穿越"及"说唱"等新兴内容,发布《穿越故宫来看你》H5作品,迅速霸屏,H5与短视频的结合做到天衣无缝,说唱与画面更是相得益彰,新的前端技术运用得恰到好处,这样的惊喜牢牢抓住了受众的眼球,强吸引,强互动,仅上线一天,访问量就突破300万,达到了现象级的品牌推广效果。

分析思考:

1. 浅谈你对IP营销的解读。
2. 与同学分享至少一个旅游IP营销的案例,以及其中最吸引人的细节。

第一节　认识市场营销

一、市场的概念与要素

市场营销学认为,市场是某种产品或劳务的现实购买者与潜在购买者需求的总和,也指具有特定需要和欲求,并具有相应的购买力,使这种需要和欲求得到满足的消费者群体。

市场由人口、购买力与购买欲望三个要素构成,用公式表示:

市场＝人口＋购买力＋购买欲望

（一）人口

这里首先指的是人口的多少，人口数量越大，产品的市场越大。其次包括对某种产品具有共同需求的人群数量，即企业能够满足的目标消费者的数量，数量越多，市场越大，越能满足企业生存与发展的需要。所以，人口决定了市场规模。

（二）购买力

购买力即人们购买所需商品或服务时的货币支付能力。这种能力首先取决于人们收入的多少，其次取决于物价的高低，最后取决于人们的信贷能力。

（三）购买欲望

购买欲望即人们购买某种产品的愿望和需求。这种欲望产生于需求者生理及心理上的需要。

市场的这三个要素之间互相统一，互相制约。人口是构成市场的基本要素，人口越多，现实的和潜在的消费者需求就越大。在人口状况既定的条件下，购买力是决定市场容量的重要因素之一。市场的大小直接取决于购买力的高低；购买欲望是导致消费者产生购买行为的驱动力——愿望和需求，是消费者将潜在购买力变为现实购买力行为的重要条件。

二、市场营销的概念与要素

美国著名市场营销学家菲利普·科特勒认为：市场营销是个人和集体通过创造、出售并同别人交换产品和价值，以获得其所需所欲之物的一种社会和管理过程。

市场营销涉及满足消费者需求，还涉及何种产品满足消费者需求，如何才能满足消费者需求，即通过交换方式、产品在何时，何处交换，谁实现产品与消费者的链接。可见，市场营销的核心要素应当包含需要及与其相关的欲求、需求，产品及与其相关的效果、价值和满足，交换及与其相关的交易和关系。

（一）需要、欲求及需求

1. 需要（need）

需要指消费者生理及心理的需求，如人们为了生存，需要食物、衣服、房屋及安全感、归属感、尊重和实现自我价值等生理需求。市场营销者不能创造这种需求，而只能适应它。

2. 欲求（desire）

欲求指消费者深层次的需求。不同社会背景下的消费者的欲求不一样。比如，在食物方面中国人欲求米饭，法国人欲求面包，美国人欲求汉堡包。人的欲求受社会因素、机构因素，以及职业、团体、家庭等方面的影响，因此会随着社会条件的变化而变化。市场营销人员能够影响消费者的欲求，如推荐消费者购买某种产品。

3. 需求（demand）

需求指有支付潜力和愿意购买某种物品的欲求。可见,消费者的欲求在购买力做后盾时就变为需求。许多人有购买豪车的欲求,但只有具有支付潜力的人才能购买。因此,市场营销者不仅要了解有多少消费者欲求其产品,还要了解他们是否有支付潜力。

（二）产品及相关的效用和价值的满足

1. 产品（product）

产品是指用来满足消费者需求和欲求的物体,产品包括有形的与无形的、可触摸的与不可触摸的。有形的产品是为消费者带来服务的载体。无形的产品或服务是通过其他载体,诸如人、地、活动、组织和观念等带来的,服务也能够通过有形的物体和其他载体来传递。当我们感到疲劳时,能够到音乐厅欣赏音乐,能够到公园游玩,能够参加一些俱乐部活动,或者理解一种新的意识(观念)。

2. 效用、价值和满足（utility、value、satisfaction）

消费者在选取所需的产品时,更多的是对满足其需求的每种产品的效用进行评估而作出决定的。效用是消费者对满足其需要的产品的全部效能的估价。产品全部效能(或理想产品)的标准如何确定？例如某消费者到某地去的交通工具,可以是汽车、火车、高铁、飞机等。这些可供选取的产品构成了产品需求组合。从最能满足其需求到最不能满足其需求的产品进行排序,从中选取出最接近需求的产品。消费者选取所需产品除会考虑效用因素外,产品价格亦是考虑因素之一。如果消费者追求效用最大化,他就不会简单地只看产品价格的高低,而会看每一元钱能产生的最大效用。

（三）交换、交易和关系（exchange、transaction、relationship）

1. 交换（exchange）

人们有了需求和欲求,企业将产品生产出来,还不能将这些解释为市场营销,产品只有通过交换才成为市场营销产品。人们通过自给自足,或自我生产,或偷抢,或乞求的方式获得产品都不是市场营销,只有通过等价交换,买卖双方彼此获得所需的产品,才产生市场营销。可见,交换是市场营销的核心要素。

通常情况下,完成一笔交换,需要满足以下五个条件：

(1)至少要有两个参与交换的伙伴；

(2)参与的一方要拥有另一方期望获得的东西；

(3)参与的一方要能与另一方进行沟通,并能将另一方需要的商品或是服务传递过去；

(4)参与的一方要有接受或拒绝的自由；

(5)参与的一方要有与另一方交换的欲望。

2. 交易（transaction）

交换是一个过程,而不是一个事件。如果双方正在洽谈并逐渐达成协议,可以称为在交换中。如果双方通过谈判达成协议,交易便发生了。交易是指买卖双方价值的交换,它是以货币为媒介的,而交换不必须以货币为媒介,它能够进行物物交换。交易涉及几个方面,即两件有价值的物品或服务,双方同意的条件、时间、地点,以及维护和迫使交易双方执行承诺的法律制度。

3. 关系(relationship)

交易营销是关系营销大观念中的一部分。精明能干的市场营销人员都会重视同消费者、分销商等建立长期的、相互信任的、互利的关系。而这些关系要靠不断承诺并为对方带来高质量产品、良好服务及公平价格来实现,要靠双方加强经济、技术及社会联系来实现。

许多优秀的企业都是具备市场营销观念的。如日本本田汽车要在美国推出一款雅阁新车。在设计新车前,他们派出工程技术人员专程到洛杉矶考察高速公路的状况,实地丈量路长、路宽,采集高速公路的柏油,拍摄进出口道路的设计。回到日本后,他们专门修了一条9英里①长的高速公路,就连路标和告示牌都与美国公路上一模一样。在设计行李箱时,设计人员有分歧,他们就到停车场看人们是如何放取行李的。这样一来,意见立刻统一起来。因此,本田公司的雅阁汽车一到美国就备受欢迎。

再如美国的迪士尼乐园,欢乐如同空气一样无所不在。它使每一位来自世界各地的儿童的美梦得以实现,使各种肤色的成年人获得了忘年的欢乐。因为迪士尼乐园在成立之时就明确了自己的定位,其产品不是米老鼠、唐老鸭,而是快乐。人们来到这里是享受快乐的。乐园里的每一位工作人员都要有欢乐的灵魂。游客无论向哪位工作人员提出问题,被问的人都务必用"迪士尼礼节"回答,决不能说"不明白"。因此,人们愿意多次重返那里,享受欢乐。

三、市场营销产品

市场营销的产品可以是有形的产品或者是无形的服务。根据《营销管理》中的理论,市场营销的产品大概可以分为以下十类:

1. 产品

有形的产品,如食品、汽车、冰箱等物品。

2. 服务

如理发师的理发服务、美容师的美容服务,以及餐厅中既提供食品相关产品,也提供服务。

3. 事件

一些大型活动,如商业展览、艺术表演、企业庆典或者是奥林匹克运动会等。

4. 体验

不同的产品与服务的结合会为消费者带来非凡的体验,如迪士尼为消费者创造独特的体验等。

5. 人物

名人营销是常见的现象,众多明星、艺术家、咨询顾问都善于建立个人品牌,他们非常成功地推销了自己。

---

① 1英里≈1.6千米。

6. 场所
场所如酒店和旅游地点等。

7. 产权
产权包括不动产和金融资产（如股票、证券等）。

8. 组织
各类组织也在试图建立其品牌形象，如大学、博物馆、艺术团体和非营利组织运用市场营销提高其公众影响力。

9. 信息
信息的生产、包装和分销是一个庞大的行业。各类中介机构和教育组织都必须依靠营销信息而存在。

10. 想法
每种市场的供应物都应包含基本的观念或是创意。产品和服务往往是传递创意或观念的平台。

四、市场营销观念

市场营销观念是企业经营活动的基本指导思想。市场营销观念的核心是企业如何处理企业、消费者和社会三者之间的利益关系。

市场营销观念一般经历了传统市场营销观念和现代市场营销观念两个阶段。

（一）传统市场营销观念

1. 生产观念
这种观念产生于20世纪20年代以前，其主要表现的是"我生产什么，就卖什么"。生产观念认为，消费者喜欢那些随处可以买得到而且价格低廉的产品，企业应该致力于提高生产效率和分销效率，扩大生产规模，降低成本以拓展市场。因此，这是一种重生产、轻市场影响的观念。

2. 产品观念
这是与生产观念并存的市场营销观念，其主要表现的是"只要产品质量好，就一定有销路"。产品观念认为，消费者喜欢购买高质量、多功能和有特色的产品，企业应致力于提高产品质量，不断开发新产品。

3. 推销观念
推销观念产生于资本主义国家由"卖方市场"向"买方市场"过渡的阶段，其主要表现的是"我推销什么，你就买什么"。推销观念认为，消费者通常不会主动选择和购买某种产品，而是受到推销刺激作用的诱导，进而产生购买行为。因此，企业只要努力推销某种产品，消费者就会更多地购买该产品。

（二）现代市场营销观念

现代市场营销观念是一种以消费者的需要和欲求为导向的市场营销管理哲学，它以整体营销手段来博得消费者的满意，从而实现企业的长期利益。其主要表现的是

"消费者需要什么,我们就生产什么""市场需要什么,我们就卖什么""哪里有消费者的需要,哪里就有营销机会",因此,现代市场营销观念变"制造产品并设法销售出去"为"发现需要并设法满足",不再是"推销已经生产出来的产品",而是"制造能够销售出去的产品"。

现代市场营销观念的理论基础是"消费者主权论",即生产何种产品的主动权不在生产者手中,也不在政府手中,而在消费者手中。在生产者和消费者的关系上,消费者是起支配作用的一方,生产者应当根据消费者的意愿和偏好来安排生产。只要生产出消费者所需要的产品,就可以使消费者的需求得到满足,而且可以使自己获得利润,否则产品是不会有销路的。显然,这个观点是在商品供过于求的买方市场条件下形成并盛行的。

五、市场营销环境

市场营销环境是指作用于企业营销活动的一切外界因素和力量的总和。这些外界因素和力量所形成的营销环境,根据与企业营销活动的密切程度,又分为宏观环境和微观环境。

(一)市场营销宏观环境

市场营销宏观环境是指那些给企业带来市场机会和环境威胁的主要社会力量,是间接影响企业营销活动的各种环境因素之和,包括人口环境、经济环境、自然环境、技术环境、政治法律环境、社会文化环境等。

1. 人口环境

人口是构成市场的第一要素,人口数量直接决定市场规模和潜在容量。人口总量、地理分布、年龄结构、性别结构、民族构成等人口环境要素对市场格局产生深远影响。

2. 经济环境

经济环境是影响企业市场营销活动的又一重要因素,包括收入因素、消费支出、储蓄与信贷、经济发展水平等。

在收入因素中,消费者收入是一个重要因素。消费者收入是指消费者通过各种渠道获得的货币收入的综合,包括工资、奖金、红利、利息、提成、遗产继承等。消费者收入的变化主要受国民收入的影响,是形成社会购买力的主要因素。

3. 自然环境

自然环境是在企业发展过程中对其有影响的物质因素。企业在分析自然环境时可以考虑:自然资源是否短缺,环境污染是否日益严重,政府对环境的干预是否日益加强,公众的生态需求和意识是否不断增强等。

4. 技术环境

技术是一种"创造性的毁灭力量"。这一认识高度概括了科技发展对企业市场营销的影响。例如,新技术革命使得产品的平均生命周期越来越短,并影响消费者的购物习惯,同时也改变了企业经营管理的方式等。

5. 政治法律环境

任何社会制度下的企业的市场营销活动都必须受到政治法律环境的规范和约束。企业每时每刻都能感受到这方面的影响，或者说企业活动总是在一定的政治法律环境的约束下进行的。

6. 社会文化环境

社会文化环境是指由一种社会形态下已经形成的民族特征、价值观念、宗教信仰、生活方式、风俗习惯、伦理道德、教育水平、相关群体、社会结构等因素构成的环境。

（二）市场营销微观环境

市场营销微观环境是指对企业服务其消费者的能力构成直接影响的各种力量，包括企业自身、供应商、竞争对手、营销渠道企业、消费者和公众等各种要素。

1. 企业自身

所有企业的内部组织，构成了企业内部的微观环境。企业内部的微观环境分为两个层次。一个层次是高层管理部门。市场营销部门必须在高层管理部门规定的职权范围内做出决策，并且所制订的计划在实施前必须得到高层管理部门的批准。另一个层次是企业的其他职能部门。企业市场营销部门的业务活动是和其他部门的业务活动息息相关的，市场营销部门在制订和执行市场营销计划的过程中，必须与企业其他职能部门相互配合，这样才能取得预期的效果。

2. 供应商

供应商是指为企业提供生产经营所需资源的企业或个人。供应商所提供的资源主要包括原材料、零部件、设备、能源、智力、劳务和资金等。供应商对企业的市场营销活动有着重大的影响。供应商供货的稳定性和及时性、供货的价格变动、供货的质量水平等都有可能对企业市场营销活动产生影响。

3. 竞争对手

在任何市场上，只要不是独家经营，便有竞争对手存在。很多时候，即便某个市场上只有一家企业提供产品或服务，没有"显在"的对手，也很难断定在这个市场上就没有潜在的竞争企业。

4. 营销渠道企业

营销渠道企业是指协助企业推广、销售和分配产品给最终购买者的那些企业和个人，主要包括中间商、实体分配机构、营销服务机构和金融机构。

5. 消费者

消费者对企业提供的产品或服务是否认可及认可程度的高低，影响着企业市场营销活动绩效的大小。了解并满足消费者的需求，是企业市场营销活动的核心。尤其应关注消费者群体的力量。

6. 公众

公众是指对企业市场营销目标的实现有现实或潜在影响的群体和个人。公众主要包括：企业的外部公众，如媒介公众、政府公众、社团公众、金融公众等；企业的内部公众，如企业内部的职工、股东及管理者等。

六、市场营销理论

(一)4Ps营销理论

1960年,美国密歇根州立大学的杰罗姆·麦卡锡(Jerome McCarthy)教授在其《基础营销》一书中将市场营销的要素概括为四类,即产品(product)、价格(price)、渠道(place)、促销(promotion)。

1967年,菲利普·科特勒(Philip Kotler)在其畅销书《营销管理:分析、规划与控制》中进一步确认了以4Ps为核心的营销组合方法,由于以上四个单词的英文字头都是P,再加上策略(Strategy),所以简称"4Ps",具体内容如下:

1. 产品(product)

注重开发的功能,要求产品有独特的卖点,把产品的功能诉求放在第一位。

2. 价格(price)

根据不同的市场定位,制定不同的价格策略,产品的定价依据是企业的品牌战略,注重品牌的含金量。

3. 渠道(place)

企业并不直接面对消费者,而是注重经销商的培育和销售网络的建立,企业与消费者的联系是通过分销商来进行的。

4. 宣传(promotion)

很多人将promotion狭义地理解为"促销",这其实是很片面的。promotion应当包括品牌宣传(广告)、公关、促销等一系列的市场营销行为。

(二)4Cs营销理论

4Cs营销理论(The Marketing Theory of 4Cs),也称"4C营销理论",是由美国营销专家罗伯特·劳特朋教授(Robert F.Lauterborn)在1990年提出的。该理论强调企业应该把追求消费者满意放在第一位,其次是努力降低消费者的购买成本,然后要充分注意到消费者购买过程中的便利性,而不是从企业的角度来决定销售渠道策略,最后还应以消费者为中心实施有效的营销沟通。4Cs营销理论包括以下几个方面:

1. 消费者的需求(customer's need)

首先要了解、研究、分析消费者的需求,而不是先考虑企业能生产什么产品。企业必须先了解和研究消费者,然后根据消费者的需求来提供产品。同时,企业提供的不仅仅是产品和服务,更重要的是由此产生的消费者价值(customer value)。

2. 消费者所愿意支付的成本(cost)

首先了解消费者满足需要与欲求愿意付出多少钱(成本),而不是先给产品定价,即向消费者要多少钱。成本不单是企业的生产成本,或者说4P中的price(价格),它还包括消费者的购买成本,同时也意味着产品定价的理想情况,应该是既低于消费者的心理价格,亦能够让企业有所盈利。

3.消费者的便利性(convenience)

产品应考虑到如何方便消费者使用。便利即为消费者提供最大的购物和使用便利。4Cs营销理论强调企业在制定分销策略时,要更多考虑消费者的便利,而不是企业自己的便利。

4.与消费者的沟通(communication)

以消费者为中心实施营销沟通是十分重要的,通过互动、沟通等方式,不断整合企业内外营销,把消费者和企业双方的利益无形地整合在一起。在这里,沟通则被用以取代4P中对应的promotion(促销)。

(三)STP营销理论

市场细分(market segmentation)的概念是美国营销学家温德尔·史密斯(Wendell Smith)在1956年最早提出的,此后,美国营销学家菲利浦·科特勒进一步发展和完善了温德尔·史密斯的理论并最终形成了成熟的STP理论——市场细分(segmentation)、目标市场(targeting)和市场定位(positioning)。

1.市场细分

市场细分是指企业通过市场调研,根据消费者对产品或服务不同的需要和欲求,不同的购买行为与购买习惯,把某一产品的整体市场分割成需求不同的若干个市场的过程。分割后若干个小市场称为子市场,也称为细分市场。

需要强调的是,市场细分并不是根据产品本身的分类进行细分的,而是根据不同的消费者群体进行细分的,消费者的需求差异性是市场细分的基础。企业必须对市场进行分类,把购买欲望和兴趣大致相同的消费者归为一类,形成子市场。目标市场细分变量表见表1-1。

表1-1 目标市场细分变量表

细分变量	具体内容
地理变量	国家、地区、城市、农村、面积、气候、地形、交通条件、通信条件、城镇规划等
人口变量	人口总数、人口密度、家庭户数、年龄、性别、职业、民族、文化、宗教、国籍、收入、家庭、生命周期等
心理变量	个性、购买动机、价值取向、对商品和服务方式的感受或偏爱、对商品价格反应的灵敏度等
行为变量	购买时机、寻求的利益、使用者状况、忠诚程度、使用频率、待购阶段和态度等

(1)地理细分。

地理细分是指企业按照消费者所在地理位置以及其他地理变量来细分消费者市场。

(2)人口细分。

人口细分是指企业按照人口变量来细分消费者市场。

(3)心理细分。

心理细分是指企业按照消费者生活方式、个性等心理变量来细分消费者市场。

(4)行为细分。

行为细分是指企业按照消费者购买或使用某种产品的时机、消费者所寻求的利益、使用者状况、消费者对某种产品的使用频率、消费者对品牌（或商店）的忠诚程度、消费者待购阶段和消费者对产品的态度等行为变量来细分消费者市场。

2. 目标市场

市场细分的目的是为企业选择目标市场提供科学依据，目标市场的选择将决定企业为谁经营，经营什么产品，提供什么档次的产品，如何销售产品等一系列策略。而目标市场选择与策略的正确与否将决定企业的生存与发展。

目标市场是指企业决定要进入的市场，即通过市场细分，被企业选中并决定以企业的市场营销活动去满足其需求的一个或几个子市场。

企业在选择目标市场时可采用的策略主要有以下几种。

(1)无差别性市场策略。

无差别性市场策略是指企业把整个市场作为自己的目标市场，只考虑市场需求的共性，而不考虑其差异，运用一种产品、一种价格、一种营销方法，吸引尽可能多的消费者。采用无差别性市场策略，产品在内在质量和外在形体上必须具有独特风格，才能得到多数消费者的认可，从而保持相对的稳定性。这种策略的优点是产品单一，容易保证质量，能大批量生产，降低生产和销售成本。但当同类企业也采用这种策略时，必然要形成激烈竞争。

(2)差别性市场策略。

差别性市场策略是指把整个市场细分为若干子市场，针对不同的子市场，设计不同的产品，制定不同的营销策略，满足不同的消费需求。

(3)集中性市场策略。

集中性市场策略是指在细分后的市场上，选择两个或少数几个子市场作为目标市场，实行专业化生产和销售。在个别市场上发挥优势，提高市场占有率。采用这种策略的企业对目标市场有较深的了解，这是大部分中小企业应当采用的策略。

3. 市场定位

市场定位是20世纪70年代由美国学者阿尔·赖斯提出的一个重要营销学概念。所谓市场定位是指企业根据目标市场上同类产品的竞争状况，根据消费者对该类产品某些特征或属性的重视程度，为本企业产品塑造强有力的、与众不同的鲜明个性，并将其形象生动地传递给消费者，求得消费者认同。市场定位的实质是将本企业与其他企业严格区分开来，使消费者明显感觉和认识到这种差别，从而使本企业在消费者心目中占有特殊的位置。

传统的观念认为，市场定位就是在每一个子市场上生产不同的产品，实行产品差异化。事实上，市场定位与产品差异化尽管关系密切，但有着本质的区别。

市场定位是通过为自己的产品创立鲜明的个性，从而塑造出独特的市场形象来实现的。一个产品是多个因素的综合反映，包括性能、构造、成分、包装、形状、质量等，市场定位就是要强化或放大某些产品因素，从而形成与众不同的形象。

产品差异化乃是实现市场定位的手段，但并不是市场定位的全部内容。市场定位不仅强调产品差异，而且要通过产品差异建立独特的市场形象，赢得消费者的认同。

市场定位策略主要有以下三种。

(1)避强定位策略。

避强定位策略是指避免与竞争对手直接对抗,将本企业的产品定位于市场的某处"空隙"或薄弱环节,发展目标市场上没有的产品,开拓新的市场领域。

(2)迎头定位策略。

迎头定位策略即与最强的竞争对手"对着干"的定位策略。采用这种策略的企业应当具有比竞争对手更强的实力。

(3)重新定位策略。

如果竞争对手的产品定位与本企业产品类似,侵占本企业的部分市场,或消费者及用户的偏好发生了变化,转移到竞争对手的产品上,企业就必须考虑为自己的产品重新定位,改变市场对其原有的印象,使目标消费者对其建立新的认识。

第二节 认识旅游市场营销

旅游业是发展较快、前景较为广阔、规模较为庞大的新兴产业,也是关联度较高、综合性较强的产业。旅游业的发展水平是一个国家和地区经济发展水平、社会进步程度,以及人民生活质量情况的重要标志之一。旅游业持续、快速、健康地发展,在带动相关产业发展、促进对外开放、优化产品经济结构、创造劳动就业机会、扶贫脱困、丰富人民生活、发展地方经济、培养新的财源、加快城市化进程、提高社会精神文明程度等方面起着越来越重要的作用。

一、旅游产品概念

从旅游产品供给方的角度来看,旅游产品是指旅游企业通过市场提供的、能满足旅游者一次旅游活动需求的全部产品和服务的总和。

从旅游产品消费方角度来看,旅游产品是指旅游企业在一次旅游活动中提供给旅游者可以体验到的有形产品和无形服务的组合,它是由一系列的单项产品和服务组成的复合型产品,带给旅游者的是多种要素结合后的综合性效用。

二、旅游市场营销概念

旅游市场营销是指旅游企业以旅游者为中心,通过分析、计划、执行、控制、反馈市场的过程,为本企业的旅游产品选择合适的目标市场定位,以满足旅游市场和旅游者的需求为目的,实现旅游企业、旅游者和社会的利益"三赢"。

旅游市场营销是市场营销在旅游业的具体运用,从旅游业的特点出发,对于旅游企业或者旅游目的地来说,获得利润和好的评估结果就是获得价值。对于消费者来说,好的体验是指其从中获得的价值。旅游市场营销的本质是为旅游消费者服务,包括为什么样的旅游消费者服务,怎样为旅游消费者服务。

三、旅游市场营销要素

关于旅游市场营销，国内外学者已经从传统意义、经济学和营销学三个角度出发给出很多定义，但编者认为采取反向阐释的方法，即从需要研究的方向和想要的结果出发，或许能更准确地描述和反映旅游市场的内涵与本质。

旅游市场营销主要有以下几个要素。

（一）需求

需求包括现实需求和潜在需求。旅游市场营销的最终目的是满足旅游消费者的需求，重点是潜在需求，因为从消费心理学和旅游消费行为的特点来分析，现实需求是一种已经做了分析、思考和选择的需求，市场营销很难对其产生影响。这里要注意的是，在做旅游市场营销时，应当把发现和刺激这种旅游需求转变为现实的消费行为，并将其作为工作的最终目标。

旅游产品很难同时满足两种需求（现实需求和潜在需求），更不可能满足所有旅游消费者的需求，所以必须集中精力于潜在消费市场的某一特定需求，也就是通常所说的细分市场和选择目标市场，应当针对不同潜在消费市场的不同需求，制定相应的市场营销方案。

（二）场所

场所包括有形场所和无形场所。旅游市场中的有形场所，主要包括订立契约（合同）场所，如旅行社门店、营业部、旅游者服务中心等；实施具体消费行为的场所，如景区、酒店、旅游购物商场等。现实中，很多理论和具体营销工作，一直把加强完善有形场所当作非常重要的一项内容，如旅行社加快发展连锁化经营，建设大规模的旅游者服务中心等，这种做法非常值得商榷，因为旅游市场中的场所还包括无形场所，而且在移动互联网迅速发展的大背景下，旅游者可以在任何一个有移动信号的角落，在任何一个时间实现旅游信息的获取、产品价格的咨询、比较及旅游消费行为，这将会逐步从根本上改变人们的旅游消费习惯、方式和整个旅游市场营销的游戏规则，所以必须引起高度重视，应当立即将在移动互联网背景下，为旅游消费者提供更加便捷的消费方式和场所作为当前旅游市场营销工作的重点内容。

（三）关系

关系是指所有的交换关系。旅游市场中的关系通常指的是一种在约定时间段和区域内使用关系的交换，而不是产权关系的交换（除具体的旅游商品外），这是旅游市场和其他市场最本质的不同，也是旅游市场要素的核心。应当准确地理解和把握这一点，进而在开发和设计旅游产品时，把实现这种关系的交换放在首位，在包装和宣传旅游产品时，着重突出其使用价值。

四、旅游市场营销特点

与其他领域的市场营销相比,旅游市场营销有自身明显的特点,主要表现为以下几个方面。

(一)服务性

除具体的旅游商品外,在产权不发生转移的前提下,提供旅游产品其实是提供一种服务,旅游者不仅看重服务设施的质量,更看重旅游过程中整体的服务品质,看重这种服务带来的体验度、舒适度和愉悦度。

(二)参与性

旅游市场中旅游产品的生产和供给,与旅游者的消费行为存在着时间和空间上的重合,旅游市场营销事实上也是旅游者阶段性参与的动态过程。因此,始终保持与旅游者互动,成为旅游市场营销工作的一项重要内容。

(三)时间性

旅游市场有很强的季节性和时间性,旅游产品是一种不可贮存和转移的产品。同时,旅游产品的生产设施、设备、劳动力能够以实物的形态存在,但它们只是一种生产能力而非旅游产品本身。如果不能在时间上准确把握旅游市场并及时满足旅游者的消费需求,就意味着生产力的浪费和营销工作的失败。

(四)差异性

差异性是旅游产品本身具有的特性,这使得在旅游市场营销工作中,不可能像在其他领域一样把产品直接展示在消费者面前进行推销,而是必须把营销工作贯穿于开发设计、形象宣传、生产销售、服务保障等一系列环节中。

五、旅游市场营销环境

旅游市场营销环境是指由影响旅游市场营销管理能力的各种企业外部和内部因素组成的企业生态系统,包括旅游市场宏观营销环境和旅游市场微观营销环境。

(一)旅游市场宏观营销环境

旅游市场宏观营销环境由政治环境、经济环境、社会环境、技术环境因素组成,主要采用间接的形式,是指以微观营销环境为媒介作用于旅游企业的市场营销行为。

(二)旅游市场微观营销环境

旅游市场微观营销环境是指与企业市场营销活动直接发生关系的具体环境,是决定企业生存和发展的基本环境,主要由旅游企业自身、营销中介、供应者、购买者、竞争对手、公众等要素构成。

旅游市场营销的宏观环境和微观环境虽然分别存在于不同的空间范围中,但两者在旅游整体市场营销活动中缺一不可。存在于旅游企业微观营销环境中的有关市场的可控(主观)因素,不能离开存在于旅游企业宏观营销环境中的不可控(客观)因素。旅游企业要想实现自己的市场营销目标,最大限度地满足旅游消费者的需求,就必须千方百计地将微观可控因素与宏观不可控因素协调起来。这种协调必须通过充分发挥旅游企业的市场营销能动性,恰当地运用可控因素,自觉地适应不可控因素来实现。这种协调与适应的目的在于更好地满足目标市场消费者的需求,实现旅游企业市场营销整体上的可持续发展。

六、旅游市场细分

旅游市场细分是指旅游企业根据旅游者特点及其需求的差异性,将一个整体旅游市场划分为两个或两个以上具有类似需求特点的旅游者群体的活动过程。经过市场细分后,每一个具有类似需求特点的旅游者群体就是一个子市场。

旅游市场细分的依据是旅游者需求的差异性。从旅游业的具体情况来看,旅游者需求的差异性可以表现在很多方面。根据市场营销学的一般原理,可按照旅游者的人文因素、地理区域因素、心理因素及行为因素等四个方面对旅游市场进行细分。

(一)按旅游者人文因素进行旅游市场细分

旅游者的人文因素特点可以表现在很多方面,如年龄、性别、家庭人数、家庭生命周期、收入、职业、受教育程度、社会阶层、种族、宗教、国籍等。这种细分方法较为常用,因为这些指标都与旅游者的欲求、偏好、出游频率等直接相关,而且旅游者的人文因素比其他因素更容易测量。因此,对旅游企业而言,这些指标是十分重要的细分依据。

(二)按旅游者地理区域因素进行旅游市场细分

所谓按地理区域因素进行旅游市场细分,是指旅游企业按照旅游者所在的地理位置来细分旅游市场,以便旅游企业从地域的角度研究各子市场的特征。按照不同的地理区域因素,如区域、国家、城市、乡村、气候、人口密度、空间距离等,将旅游市场细分为不同的子市场。其主要理论根据是处于不同地理位置的旅游者对旅游企业的产品各有不同的需要和偏好,对旅游企业所采取的市场营销战略、市场营销策略也各有不同的反应。按地理区域因素进行旅游市场细分主要有以下几种具体形式。

1.按区域细分

世界旅游组织(United Nations World Tourism Organization,UNWTO)将国际旅游市场划分为六大区域,即欧洲区、美洲区、东亚及太平洋区、南亚区、中东区、非洲区。一般而言,欧洲区和北美区出国旅游者及所接待的国际旅游者人数更多,国际旅游收入也较高。而近20年来,旅游业发展和国际旅游收入增长最快的区域是东亚及太平洋区。

2.按国家细分

这是旅游业极为常用的一个细分标准。把旅游者按其国别进行细分,有利于旅游目的地或旅游企业了解主要客源国旅游市场情况,从而针对特定客源国旅游市场的需求特性,制定相应的旅游市场营销策略,从而提高旅游市场营销效果。

3. 按气候细分

各地气候的不同会影响旅游产品的消费情况以及旅游者的流向。从国际旅游市场来看,凡气候寒冷、缺少阳光的地区的旅游者一般倾向于到阳光充足的温暖地区旅游。这也是地中海地区、加勒比海地区旅游业发达的主要原因。根据气候特点的不同,旅游企业可以把旅游市场细分为热带旅游区、亚热带旅游区、温带旅游区、寒带旅游区等。

4. 按人口密度细分

按人口密度,可以将旅游市场细分为都市、郊区、乡村等。

(三)按旅游者心理因素进行旅游市场细分

所谓按心理因素细分,是指按照旅游者的生活方式、态度、个性等心理因素来细分旅游市场。旅游者的欲求、需要和购买行为,不仅受人文因素的影响,而且受心理因素的影响,同一人文统计特征下的旅游者群体可能表现出差异极大的心理特性。旅游企业可据此将旅游市场细分为不同的子市场,其细分方法主要包括以下几种。

1. 按生活方式细分

生活方式是指人们如何打发时间(活动),以及他们认为什么比较重要(兴趣),他们对自己及其所处环境的看法(态度)。生活方式是人们生活和花费时间及金钱的模式,是影响旅游者的欲求和需要的一个重要因素。目前,越来越多的旅游企业按照旅游者的不同生活方式来细分旅游市场,并且针对生活方式不同的旅游者群体来设计不同的产品和安排市场营销组合。对于生活方式不同的旅游者群体,不仅设计的产品不同,而且产品价格、经销方式、广告宣传等也有所不同。许多旅游企业从生活方式细分中发现了更多、更有吸引力的市场机会。

2. 按态度细分

按态度细分旅游市场是指根据旅游者对旅游企业及其产品和服务的态度进行分类,并采取相应的市场营销措施。比如,对待"我曾听说某品牌,但我并不真正了解它"之类持中间态度的旅游者,应给其提供详细资料,加大力度开展有说服力的促销活动;对待"某品牌是旅游市场上最好的"之类持积极态度的旅游者,应利用持续的促销活动和与旅游者签订合同的办法加以巩固;对"某品牌比另外某品牌差"之类持消极态度的旅游者,要改变其态度是较困难的,应把促销工作做细,并改进旅游产品质量,提高旅游企业形象。

(四)按旅游者行为因素进行旅游市场细分

按旅游者行为因素进行旅游市场细分是指根据旅游者对旅游产品的了解程度、旅游者寻求的利益、旅游者的消费情况或旅游者对旅游产品的反应,将他们细分为不同的群体。行为变量,包括购买目的、购买时机、所寻求的利益、使用者状况、产品使用频率、品牌忠诚程度等,是细分旅游市场重要的出发点。

1. 按购买目的细分

按旅游者购买旅游产品的目的,大体上可以将旅游市场细分为以下几种:度假旅游、商务旅游、探亲访友旅游、外出购物旅游、工作假期旅游、宗教或精神探索旅游、探险旅游、体育保健旅游、以教育为目的的旅游等。这些子市场,体现出旅游者购买目的的不同,对旅游产品的需求也有差异。

2. 按购买时机细分

根据旅游者产生需要、购买或消费旅游产品和服务的时机,可将旅游市场进一步细分。某些旅游产品和服务主要适用于某些特定的时机,如五一劳动节、国庆节、春节、寒暑假等。旅游企业可以把购买时机作为细分指标,专门为某种特定时机的特定需求设计和提供旅游服务。

3. 按旅游者寻求的利益细分

一般来说,旅游者购买某种旅游产品和服务,是在寻求某种特殊的利益。因此,旅游企业可以根据旅游者购买的旅游产品和服务所体现的不同利益来细分旅游市场。旅游企业在采用这种方法时,要判断旅游者所寻求的最主要利益是什么,他们各是什么类型的人,旅游企业的各种旅游产品提供了什么利益,旅游者寻求的利益与旅游企业提供的利益是否匹配等。

4. 按使用者状况细分

按使用者状况细分旅游市场,可将旅游者细分为某一旅游产品和服务的从未使用者、曾经使用者、潜在使用者、首次使用者和经常使用者。

5. 按使用频率细分

使用频率是指旅游者使用某种旅游产品和服务的频率。按使用频率细分旅游市场,可以将旅游者细分为少量使用者、中度使用者和大量使用者。一般而言,旅游产品的中度使用者在假日旅游上比少量使用者更加投入,更喜好旅游产品创新,其知识储备更丰富,更喜欢担任意见带头人。这些旅游者经常旅游,常常从报刊、书籍和旅游展览会上搜集旅游信息。

(五)按旅游者忠诚状况进行旅游市场细分

旅游者忠诚状况是指一个旅游者更偏好购买某一品牌旅游产品和服务的一种持续信仰和约束的程度。根据旅游者的忠诚状况,可将旅游者分为以下四类。

1. 坚定忠诚者

坚定忠诚者,即始终不渝地购买同一种品牌旅游产品和服务的旅游者。

2. 中度忠诚者

中度忠诚者,即忠诚于两种或三种品牌旅游产品和服务的旅游者。

3. 转移型忠诚者

转移型忠诚者,即从偏爱一种品牌旅游产品和服务转换到偏爱另一种品牌的旅游者。

4. 多变者

多变者,即对任何一种品牌的旅游产品和服务都不忠诚的旅游者。

一个旅游企业可以从分析旅游者的品牌忠诚状况中学到很多东西。旅游企业通过研究本企业品牌的坚定忠诚者的特征,可以确定本企业旅游产品和服务的开发战略;通过研究本企业品牌的中度忠诚者,可以确认对本企业品牌最有竞争力的品牌;通过考察从本企业品牌转移出去的消费者,可以了解到本企业在市场营销方面的薄弱环节,从而使其逐渐完善;对于多变者,旅游企业可以通过变换市场营销方式来吸引他们。

第三节　认识研学旅行市场营销

一、研学旅行市场营销概念

从字面上来说,研学旅行是"研+旅行"。但事实上,研学旅行是"研""学""旅行"三个方面的有机融合,而不是简单的"研学+旅行"。

从广义上来说,研学旅行是旅行者出于文化求知的目的,离开常住地,到特定的地区开展研究性、探索性学习的专项旅行活动。从狭义上来说,研学旅行是以中小学生为主体对象,以集体旅行生活为载体,以提升学生素质为教学目的,依托旅游吸引物等社会资源,进行体验式教育和研究性学习的一种教育旅游活动。

研学旅行市场营销,是以研学旅行需求者为服务对象,通过分析、计划、执行,控制研学旅行活动的全流程,以发展研学旅行市场和满足研学旅行需求者为目的,实现上中下游三方的目标共赢。

二、研学旅行市场营销产业链

研学旅行市场营销的产业链包括上中下游。研学旅行市场营销产业链上游主体为资源供应商;研学旅行市场营销产业链中游主体为研学旅行企业;研学旅行市场营销产业链下游由学校和个人消费者组成。

(一)研学旅行市场营销产业链上游分析

研学旅行市场营销产业链上游主体是指资源供应商,主要包括研学旅行资源供应商、教育资源供应商、场地资源供应商。

1. 研学旅行资源供应商

研学旅行资源供应商提供酒店住宿、机票、景点门票等旅游资源。由于研学旅行的开展时间多为寒假、暑假,通常为旅游旺季,酒店住宿、机票、景点门票价格明显高于旅游淡季,研学旅行资源供应商的议价能力更强。此外,研学旅行的目的地多为具备丰富自然资源和人文景观的热门城市,拥有研学旅行热门城市渠道资源的供应商在议价的过程中具有更大的话语权。

2.教育资源供应商

研学旅行产品强调教育性,且需要指导教师在研学旅行途中实时为学生讲解历史、人文等方面的知识,或在营地对学生开展科学实践和素质拓展指导。这类教师通常拥有高层次专业知识和良好职业素养,且需要经过系列考察后才可成为指导教师。

3.场地资源供应商

场地资源供应商为各类研学旅行企业提供所需要的场地。由于场地建设需要大量资金,且城镇建设需要政府审批,因此,用地指标数量有限,场地资源有限。有些轻资产、重运营的研学旅行企业会直接购买土地以建造营地,在营地闲置时亦可将其出租给其他企业。

(二)研学旅行市场营销产业链中游分析

研学旅行市场营销产业链中游主体为研学旅行企业,主要分为游学类研学旅行企业和营地类研学旅行企业。

1.游学类研学旅行企业

游学类研学旅行市场受到资本的广泛关注,各类参与者加速涌入。游学类研学旅行企业包括专业研学机构、教育培训机构、旅行社等。

2.营地类研学旅行企业

这类企业的主要活动载体为各类主题营地,包括素质拓展、户外运动、自然教育、军事拓展、主题文化、科技创客等主题。户外生存技巧类、营地类研学旅行产品差异化较大,场地规模、课程的内涵与趣味性,以及指导教师的专业化水平均会影响到研学旅行产品的最终价格。

(三)研学旅行市场营销产业链下游分析

研学旅行市场营销产业链下游由学校和个人消费者组成。

1.学校

学校以单位合作的方式与合适的研学旅行企业进行合作。家长对学校具有天然的信任感,对研学旅行企业的接受程度更高。由于竞争对手较多,研学旅行产品内容差异化较小,学校拥有更大的话语权,这导致研学旅行企业的产品利润空间进一步被压缩。

2.个人消费者

个人消费者主要为学生群体,多来自一线或二线城市。学生家长的素质水平较高,经济实力较强,大多拥有稳定的收入和较高的学历,追求素质教育,家庭氛围相对自由开放,会以开阔子女眼界、培养其兴趣爱好、提升其综合素质为目的为子女购买研学旅行产品。产品理念、安全保障、产品性价比、师资力量、行程设计均会在买家议价过程中起到关键性作用。另外,研学旅行企业可以通过学校迅速打开市场。相比而言,研学旅行企业在直接面对单一消费者时,获客速度较慢,但较易进行口碑传播。

本章小结　通过对市场及市场营销的概念及要素的分析，以及对市场营销环境、市场营销策略的梳理和学习，深入理解旅游市场营销的特点及其市场营销环境，以及旅游市场营销中常用到的策略，为后面章节的学习奠定了良好的理论基础。

 课后训练

1. 分析传统市场营销观念与现代市场营销观念的异同。
2. 对于文中所列举的市场营销策略，你认为哪个更能精准迎合当下消费者的需求，为什么？
3. 请总结旅游市场营销策略，并分享相关应用案例。
4. 在目标市场定位中，如何才能更精准地找到目标消费者群体？
5. 如何为研学旅行市场产业链提供更好的价值链接？
6. 请为某个研学旅行目的地策划一场别开生面的市场营销活动。

第二章 研学旅行市场概述

学习目标

1. 了解研学旅行的由来与定义。
2. 了解研学旅行发展的历史与现状。
3. 理解研学旅行产品的六大特性。
4. 掌握研学旅行市场的发展特点。
5. 比较分析研学旅行市场营销与一般旅游市场营销的异同。

知识框架

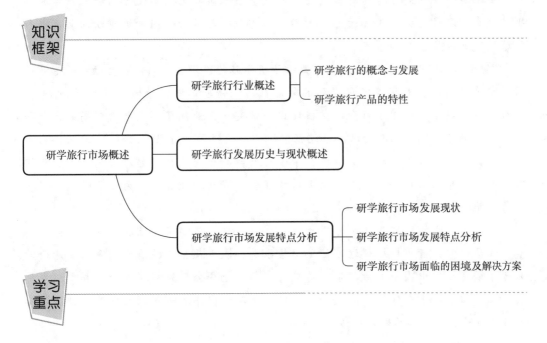

学习重点

1. 研学旅行的定义。
2. 研学旅行产品的特性。
3. 研学旅行的发展历史。
4. 研学旅行市场发展的特点。
5. 研学旅行概念的缘起。
6. 研学旅行活动与一般旅游活动的异同。
7. 研学旅行市场营销与一般旅游市场营销的异同。

2021年6月24日，由三亚市旅游推广局主办、中旅国际会议展览（海南）有限公司承办、中国旅游集团海南区域总部等多家单位联合举办的"童趣三亚·全家登岛"2021三亚亲子研学旅行论坛在三亚市海棠湾举行。三亚市政府副秘书长陈潇、三亚市旅游推广局常务副局长吴小琳出席论坛，中国旅游协会亲子游与青少年营地分会秘书长张林林受邀参加并发表题为"亲子旅游目的地建设——从'个体旅游'到'小群体旅游'的转变"的主题演讲。

此次活动由来自全国的150余家涉旅亲子旅游企业、研学旅行企业，面向公众推介极具童趣的"三亚新玩法"。行业专家围绕"后疫情时代的国内亲子研学旅行市场现状与趋势"等话题展开精彩的演讲和深度对话。

张林林秘书长聚焦"亲子旅游与研学旅行的融合发展、亲子文旅产业的发展态势、亲子游市场的新趋势与游客变化，以及亲子旅游目的地建设方向和三亚市旅游项目亲子适配性升级"等方面，针对亲子旅游与研学旅行，同参加论坛的嘉宾进行了深入交流和探讨。

"童趣三亚·全家登岛"2021三亚亲子研学旅行论坛作为国内垂直领域的专业亲子研学旅行论坛，利用经济内循环的利好机遇，借助三亚亲子研学旅行强劲势头，号召全国各类亲子研学旅行资源，梳理出一批突出产业优势、成熟度较高的亲子研学旅行线路与产品。此次论坛举办过程中的"亲子研学旅行供需洽谈会"，为国内各界亲子研学旅行服务商和三亚市涉旅亲子与研学旅行企业搭建起对接平台，在论坛举行当天下午的采购洽谈会上，供需双方在会上直接洽谈合作，为业务赋能，现场成效显著。

当今旅游业的发展正处于转型升级的关键时期，旅游市场呈现出更加细分的趋势，亲子研学旅行市场规模近万亿元，集旅游、教育及生活旅居于一身的营地研学旅行异军突起，中国旅游协会亲子游与青少年营地分会始终牢记使命，并积极发挥其桥梁、纽带和平台作用，促进了我国亲子游与青少年营地行业的发展，并推动其与各个行业、旅游目的地的对话。

（案例来源：中国旅游协会官网。）

分析思考：

1."童趣三亚·全家登岛"2021三亚亲子研学旅行论坛的参与主体有哪些？

2.召开"童趣三亚·全家登岛"2021三亚亲子研学旅行论坛的目的是什么？

第一节 研学旅行行业概述

研学旅行是指由教育部门和学校有计划地组织安排,通过集体旅行、集中食宿的方式开展的研究性学习和旅行体验相结合的校外教育活动。2013年国务院印发了《国民旅游休闲纲要(2013—2020年)》,文件提出"研学旅行"概念并指出要逐步推进中小学生研学旅行;2014年首次提出将"研学旅行"纳入中小学生日常教育范畴;2016年教育部等11个部门发布《关于推进中小学生研学旅行的意见》,同年12月,国家旅游局出台《研学旅行服务规范》(LB/T 054—2016),在以上政策加持和市场需求导向下,研学旅行成为旅游教育行业的"新蓝海"。

一、研学旅行的概念与发展

(一)研学旅行的由来及定义

旅游已经成为现代人生活中的必需品,也是如今家庭生活中不可或缺的一部分,旅游是从一个空间到另外一个空间,可能是熟悉的空间也可能是陌生的空间。青少年通过自身的探索去体验世界并对世界产生自己独有的理解,这是非常重要的实践(Jaleh,2002)。少年儿童时期的旅行行为提供了一个相对更宽广、更复杂的社会环境和更多元化的社会文化环境,是影响青少年长大成人的重要社会影响因素。

在旅游业诞生之地英国,研学旅行的风气已经盛行了几百年。16世纪至18世纪,英国贵族化的"大陆游学"(the grand tour),是英国贵族子弟教育的重要组成部分,与国内研学旅行的概念大同小异。伴随着社会的发展,贵族化的"大陆游学"逐渐演化成英国私立学校大众化的教育活动(李碧静,2017)。《牛津高阶英汉双解词典》中将"the grand tour"定义为"以前英国富家子弟到欧洲大陆进行观光的大旅行,是学业中必修的一课"。

在经济上,大陆游学促进了英国与欧洲大陆其他国家之间的国际贸易;在文化上,大陆游学加强了当时英国与欧洲大陆的文化交流,推动了英国的文化和教育的发展(陶军,2005),在英国发展的历史上起着不可替代的作用。

1946年,日本已经将"修学旅游"正式纳入学校教育体系,日本的修学旅游在日本《明镜国语辞典》中被明确解读为由教师带领学生进行的集体旅行,是学习中的一个环节,参与人员以青少年为主(杨生、司利、张浩,2012)。

研学旅行旧时称为"游学",是中国极为传统的学习方式和教育方式之一,在春秋战国时期,游学已经形成风气,如众所周知的孔子师生周游列国;《史记·春申君列传》中的"游学博闻"根据游学的目的将游学分成了两种类型:一种是为了增长见识的游历;另一种则是达官贵人为求名而组织的宴会之游。游学教育在中国已有超过2000年的历史,这种教育模式有力地改善了教育发展不平衡的状况,满足了有志之士的求学欲望,促进了各个国家和地区之间的教育交流与文化合作,是当今教育的重要组成部分(涂春容、粟斌,2012)。游学是一种促进受教育者身心发展的健康教育方式,游学的发展及繁荣需建立在"以人为本"的基本理念上,应营造宽松的政治环境和浓厚的艺术氛围(肖菊梅、李如迷,2017)。

2016年底,文化和旅游部发布的《研学旅行服务规范》(LB/T 054—2016)中将研学旅行定义为"以中小学生为主体对象,以集体旅行生活为载体,以提升学生素质为教学目的,依托旅游吸引物等社会资源,进行体验式教育和研究性学习的一种教育旅游活动"。该文件对研学旅行的主体对象、出行和实践方式都进行了明确的定义,是目前国内制定中小学生研学旅行标准的重要指标与参考。

(二)研学旅行概念的提出

2016年底,中华人民共和国教育部等11个部门印发了《关于推进中小学生研学旅行的意见》,该文件对中小学生的研学旅行进行了定义,指出研学旅行有利于促进学生培育和践行社会主义核心价值观,激发学生对党、对国家、对人民的热爱之情;有利于推动全面实施素质教育,创新人才培养模式,引导学生主动适应社会,促进书本知识和生活经验的深度融合;有利于加快提高人民生活质量,满足学生日益增长的旅游需求,从小培养学生文明旅游意识,养成文明旅游行为习惯。

《关于推进中小学生研学旅行的意见》肯定了研学旅行对中小学生的实践意义。《2016中国旅游投资报告》中也指出研学旅游是未来旅游投资的十大重要领域之一。

研学旅行的行业前景被业内人士所看好,但研学旅行也面临着诸多问题:

首先,如何去平衡中小学生研学旅行中的"研"与"旅"。

其次,相关标准待健全(如安全、价格、课程、服务群体等方面)。

再次,研学群体与旅游目的地地接团队之间的互动性差。

最后,在研学旅行产品中,决策者与消费者之间存在着隔阂,缺乏充分沟通的机会。

综上所述,研学旅行产品百花齐放,却没有一个标准去推动它健康发展。研学旅行机构不再是研学旅行产品的唯一供应商,很多教育机构(包括培训班、学堂、民办学校等)从被动参与变为主动参与,很多研学旅行基地(营地)也跃跃欲试,希望能够分一杯羹。由此,只有充分整合资源,发挥资源的优势,才能抓住研学旅行的黄金发展契机。

二、研学旅行产品的特性

(一)研学旅行产品的教育特性与要求

研学旅行产品具有明显的教育特性,主管单位是教育部及各级教育行政部门。

《研学旅行服务规范》(LB/T 054—2016)由国家旅游局于2016年12月19日发布,于2017年5月1日起正式实施。该文件规定研学旅行服务的承办方和主办方都应该遵从学校相关的基础教育目标,与学校共同制订研学旅行的教育服务计划,明确研学旅行教育活动目标和内容,并且能够针对不同年龄段的学生提出相对应的学时要求,此外,还特别强调了研学旅行产品的体验性。表2-1包含了根据《研学旅行服务规范》(LB/T 054—2016)整合的关于研学旅行产品服务项目的类别、研学旅行产品的分类等方面的内容。

表2-1 《研学旅行服务规范》相关内容整合

	分类	内容
研学旅行产品服务项目	健身项目	以培养学生生存能力和适应能力为主要目的的服务项目,如徒步、挑战、露营、拓展、生存与自救训练等
	健手项目	以培养学生自理能力和动手能力为主要目的的服务项目,如综合实践、生活体验训练、内务整理、手工制作等项目
	健脑项目	以培养学生观察能力和学习能力为主要目的的服务项目,如各类参观、游览、讲座、诵读、阅读等
	健心项目	以培养学生情感能力和践行能力为主要目的的服务项目,如思想品德养成教育活动以及团队游戏、情感互动、才艺展示等
研学旅行产品分类	知识科普型	主要包括各种类型的博物馆、科技馆、主题展览、动物园、植物园、历史文化遗产、工业项目、科研场所等资源
	自然观赏型	主要包括山川、江、湖、海、草原、沙漠等资源
	体验考察型	主要包括农庄、实践基地、夏令营营地或团队拓展基地等资源
	励志拓展型	主要包括红色教育基地、大学校园、国防教育基地、军营等资源
	文化康乐型	主要包括各类主题公园、演艺影视城等资源
研学旅行产品服务流程	行前	在研学旅行出行前,指导学生做好准备工作,如阅读相关书籍,查阅相关资料,制订学习计划,熟悉研学旅行的教学目的、教学任务等
	行中	在研学旅行过程中,组织学生参与教育活动项目,指导学生撰写研学旅行日记或调查报告
	行后	在研学旅行结束后,组织学生分享心得体会,如组织征文活动、分享交流会

(二)研学旅行产品的服务特性与要求

研学旅行产品属于服务型产品,具有服务特性。根据《研学旅游服务规范》(LB/T 054—2016)的要求,研学旅行产品的服务改进是研学旅行活动中承办方应尽的义务。承办方应对各方面反馈的质量信息及时进行汇总分析,明确产品中的主要缺陷,找准产生质量问题的具体原因,通过健全制度、加强培训、调整供应方、优化产品设计、完善服务要素和运行环节等措施,持续改进研学旅行服务质量。具体可以通过以下几种方式进行研学旅行产品服务的改进:

(1)健全研学旅行服务制度。
(2)加强研学旅行服务培训。
(3)调整或更改研学旅行供应方。
(4)优化研学旅行产品的设计。
(5)完善研学旅行服务要素。
(6)改良研学旅行运行的各个环节。

(三)研学旅行产品的课程特性与原则

研学旅行产品不同于一般性的旅游活动,是通过旅行的方式进行的课程辅导,具有课程特性。

教育是为了使文化得到传承与更新。对青少年来说,教育能使青少年学习知识与技能,成为具有成人特性的社会人并最终适应社会。研学旅行课程的开发亦是通过研学旅行教育使中小学生能够在课外实践中学习生存技能、生活能力,思考生命的意义,成为具有独立思想的社会人。

开发研学旅行课程时应遵循三大总则。

第一是安全第一的原则,保证参加研学旅行的学生的安全是首要准则。

第二是寓教于乐的原则,研学旅行课程属于课外实践课程,应注重课程的趣味性与学生的接受能力。

第三是受教均等的原则,确保每个出行集体中的每个学生都能够得到均等的受教育机会,研学旅行服务机构或学校都应具有一定的公益特性,对于贫困的学生应给予一定的优惠或者提供免费服务。

除了遵循三大总则,在进行研学旅行课程开发的时候还应注意以下三个原则。

(1)以学生为中心,注重主动性学习,让学生的主动性学习多于被动的灌输知识式的学习,通过引导学生思考,启迪学生思维。

(2)设计导向型的研学旅行课程任务,在研学旅行活动的过程中应注重学生个人任务或是小组任务的完成,而非单纯的"记忆"的学科导向,注重培养学生的综合素质和解决实际问题的能力。

(3)在"做"中学,以体验性教学方式或是活动方式让学生通过亲身体验和经历进行尝试、行动、观察、反思、发现等。

研学旅行课程开发主要有两种形式:一种是研学营地自主开发课程;另一种是研学旅行机构与学校合作开发课程。

以下重点列出了研学旅行机构与学校合作开发研学旅行课程时应遵循的步骤与方法:

第一,制订研学旅行课程项目开发计划(根据学校的需求列出课程开发的可行性、开发组织机构、开发的进度安排等)。

第二,列出研学旅行课程的大纲,由简单到复杂,由一般到具体,详尽且层次分明。

第三,做好研学旅行课程项目需求的调研工作(主要针对学生、学校教职工等)。

第四,做好研学旅行课程项目的具体内容设计工作。

第五,做好研学旅行课程的试讲或研学旅行产品的试用,然后根据试讲或试用的结果对课程进行优化与改进。

第六,做好研学旅行课程的定版及修订工作等。

(四)研学旅行产品的安全特性与管理

研学旅行产品必须保证学生的出行安全,具有安全特性,需要对研学旅行活动进行严格、有效的安全管理。研学旅行服务提供方,包括主办方、承办方和供应方,都应制定研学旅行服务的相关安全管理制度以及相关应急预案(主要针对地震、火灾、食品卫生、治安事件、设施设备突发故障等),并定期进行演练,力求构建"三位一体"、完善有效的安全防控机制,以确保研学旅行活动能够安全顺利地进行。

研学旅行服务安全管理制度的制定应包括但不仅限于以下内容:研学旅行安全管理工作方案、研学旅行应急预案及操作手册、研学旅行产品安全评估制度、研学旅行安全教育培训制度、研学旅行安全管理人员的培训等。

针对服务提供方的安全管理人员,研学旅行的服务提供方应制订安全教育与安全培训专项工作计划,并对安全管理工作人员进行定期培训,培训内容应包括但不仅限于以下方面:安全管理工作制度、工作职责与要求、应急处置规范与流程等。

针对参加研学旅行的学生,研学旅行的服务提供方应提供多种形式的相关安全教育;提供安全防控教育知识读本;研学旅行前召开行前说明会与安全教育会;研学旅行过程中及时普及安全教育知识,强化学生安全防控的意识。

(五)研学旅行产品的责任特性与投诉处理

研学旅行具有责任特性,在研学旅行开始之前需对主办方与承办方的责任进行清楚明晰的界定。在研学旅行过程中可能会出现一些意外情况,可根据《研学旅行服务规范》(LB/T 054—2016)中所提及的研学旅行承办方应该承担的起投诉处理的责任等相关情况,进行及时处理。承办方应提前公布研学旅行的投诉电话、投诉处理程序以及投诉时限等明确信息,与此同时,应及时建立投诉信息档案和回访制度。因此,在研学旅行过程中,投诉处理的相关制度、工作人员和投诉反馈全程由研学旅行的承办方负责。

(六)研学旅行产品的体验特性与活动手册

研学旅行产品是以学生体验为主的教育产品,需要进行课程体验的设计。各机构在设计研学旅行产品时还需设计适用于学生的活动手册。在设计活动手册时,可以从以下几个方面进行具体考量。

(1) 课程的简介(课程封面、理念、特色,与学校基础课程的联系等)。

(2) 课程的具体目标。

目标1:知识目标。

目标2:能力目标。

目标3:情感目标。

拓展阅读

研学旅行的相关术语和定义的标准及基本要求

(3) 课程内容(具体的课程内容大纲及教学方式)。

(4) 研学导师的简介及经历。

(5) 课程的笔记页或绘本页。

(6) 课程考核方式、时间与具体的考核标准。

(7) 课程的相关参考资源与课程的网络平台的应用等。

(8) 往届课程的总结与反馈(课程评价,包括学员评价表、研学导师评价表、课程评价表等;课程总结,包括课程实施后的总结与反思)。

(9) 课程其他信息:课前准备事项、课程注意事项、课程负责人的信息与联系方式等。

第二节 研学旅行发展历史与现状概述

研学旅行是通过旅行的方式进行学习的一种教育方式,全球化发展的今日,短期的旅行体验对于许多接受高等教育的学生而言是具有吸引力的(Mikoski,2013)。旅游是一个受教育的经历,对教育者本身来说也不例外(Otero-Urtaza,2012),但旅游与教育的关系仍然是一个相对缺乏研究的领域(Falk、Ballantyne、Packer、Benckendorff,2012)。尽管近二十年来旅游的教育功能才开始逐渐被关注和重视,然而旅游的教育功能并不是近几十年才出现的,从旅游动机的角度分析,旅游的兴起本身就与强烈的受教育愿望息息相关。

中国春秋战国时期就已经形成了一种老师带领学生周游列国的旅游教育风气,孔子师生共同周游列国被传为佳话,中国有句古话是这样说的:"读万卷书,行万里路。"《史记·春申君列传》中的"游学博闻"根据研学旅行的目的将其分成了两种类型:第一种是为了增长见识的游历;另外一种则是达官贵人为求名而组织的宴会之游。研学旅行是一种促进受教育者身心发展的健康教育方式,研学旅行的发展及繁荣需建立在"以人为本"的基本理念上,营造宽松的政治环境和浓厚的艺术氛围(肖菊梅、李如迷,2017)。

在英国,研学旅行(游学)作为一种教育方式已盛行几百年。16世纪到18世纪,英国贵族化的"大陆游学",被视为是文化旅游教育的开端(French、Craig-Smith、Collier,2000),是英国贵族子弟教育的重要组成部分,早期的教育旅游或学习旅游是根据个人的动机与期望去开展的,并没有限制在固定的旅游区域(Towner,1996)。在当时的欧洲,这种加强教育的方式仅在贵族之间流行(Towner,1985),那时的研学旅行是真正的"奢侈品"。19世纪到20世纪初,西班牙的教育家Cossio为推动西班牙教育改革,并且为他于1883年12月要去马德里博物馆工作做准备,策划了于1882年8—9月通过游历的方式前往欧洲的法国、瑞士、奥匈帝国、德国和比利时考察欧洲各国的博物馆和教育的状况,但即便全程走完也没有寻找到令其满意的理想参考模式。不过此次游历欧洲的经历让Cossio产生了灵感,他将西班牙本土文化和欧洲文化中的成果进行整合,并依照未来潮流趋势创造了一个国际游学项目,这个项目对西班牙公共教育产生了深远的影响(Otero-Urtaza,2012)。1882年9月Cossio在布鲁塞尔游学时了解到1879年因当地政府把公共教育从神职人员手中夺回所引发的宗教与社会的冲突事件,由此指出教育改革者在进行教育改革时有避免社会冲突的必要性。Cossio回到西班牙后一直以博物馆作为媒介对基层教师进行培训,扩大了其教育思想的影响力(Otero-Urtaza,2012)。

20世纪,工作和旅游休闲之间有明确的界限(Roberts,1999),但是后现代的旅游方式往往将旅游与日常的工作、学习、消费等交织到一起(Uriely,2005),旅游的发展逐渐多元化,并且与各行各业之间的联系变得紧密起来,教育行业自然也不例外。20世纪40年代,日本将"修学旅游"正式纳入学校教育体系,日本的"修学旅游"在日本《明镜国语辞典》中被明确解读为由教师带领学生进行集体旅行,是学习中的一个环节,参与人员以青少年为主(杨生、司利、张浩,2012),青少年时期的旅行为学生提供了一个相对而言更宽广、更复杂的社会环境以及更多元化的人文环境。

古今中外,无论是几千年前孔子带领徒弟周游列国,17世纪至18世纪英国贵族间盛行的"大陆游学",19世纪欧洲一些国家开始通过"游"的方式赴发达国家考察、学习与借鉴,还是20世纪日本纳入教学体系的"修学旅游",旅游的教育功能一直都没有被忽视,并且得到了教育界和上层社会的认可。近代旅游教育始于17世纪的英国,并经历了从发达国家走向发展中国家,从贵族走向平民,从知识分子走向大众的历程,与此同时,旅游教育也从依据个人需求进行定制,逐渐发展到先由权威机构进行规划与设计再由消费者进行选择。

在旅游过程中,旅游者增长了见识,广义地说,所有类型的旅游都可以视为教育活动(Smith、Jenner,1997),一开始,旅游教育或旅游学习是为了满足旅游者对其他国家和地区生活方式的好奇心(Burkart、Medlik,1981),随后,旅游学习作为一种留学方式,在欧洲和美国逐渐发展成高等教育的重要组成部分(Kalinowski、Weiler,1992)。近年来,研学旅行这种学习方式也逐渐成为我国大中小学生日常教育的重要组成部分。

第三节　研学旅行市场发展特点分析

一、研学旅行市场发展现状

自2016年12月19日,教育部等11部门联合印发《关于推进中小学生研学旅行的意见》以来,研学旅行被纳入国家综合实践课程体系,成为教育教学的重要内容,以及校外教育创新形式与综合实践育人的重要途径。在政府政策的推动下,研学旅行市场进入快速发展时期。

相关统计数据显示,2017年,我国游学量约为355万人次,其中境内游学为275万人次,境外游学为80万人次。当时统计的游学量与当下统计的研学旅行量有所区别。2018年,《中国研学旅行发展白皮书2019》统计显示国内研学旅行市场规模达到125亿元,人均消费3117元/次。

研学旅行是"旅游"与"教育"交叉的新领域,多个报告预测未来几年,中国研学旅行市场总体规模有望超过千亿元。那么,如此庞大的新兴研学旅行市场在发展过程中究竟会有哪些机遇?会有哪些困境?未来发展趋势如何?

二、研学旅行市场发展特点分析

(一)巨大的市场规模

《中国研学旅行发展白皮书2019》指出,在未来几年,研学旅行的学校渗透率将会大幅度提升,研学旅行市场总体规模将超千亿元,成为旅游市场的"新蓝海"。研学旅行几乎囊括了历史文化、航天科技、户外运动等所有业态类型,辐射带动作用有目共睹。2017年,全国在校学生数量高达2.61亿人(《中华人民共和国2017年国民经济和社会发展统计公报》),巨大的市场自然吸引了资本的注意。

(二)激烈的竞争

目前研学旅行市场消费需求后劲可期。我国研学旅行市场发展起步较晚,但由于政策导向和市场需求,其发展速度十分迅猛,整个研学旅行市场的消费后劲可期。《中国亲子游与研学旅行年度发展报告2019》显示,中国研学旅行在未来3—5年市场总体规模将突破千亿。众多企业看好研学旅行这片"新蓝海",2010—2019年十年间研学旅行相关的企业注册量呈曲线上升趋势,仅2019年全国研学旅行企业注册数量就近6000家,同比上涨169%。

学校、旅行社、培训机构、留学机构等中介之间开始跨界合作成立新的研学旅行机构或研学旅行合作单位。《中国研学旅行发展白皮书2019》统计显示,2019年国内就有超过7300家研学旅行机构参与研学旅行业务。研学旅行相关政策从国家到省到市的落地,催生了市场份额的增加,更多的研学旅行机构涌入市场,竞争非常激烈。

(三)产品具有价格优势

相比传统的旅游产品,研学旅行产品具有价格优势。《中国研学旅行发展白皮书2019》指出,家长愿意为有品质保障的研学旅行产品支付合理的费用。对于中长途研学旅行产品,大多数家长愿意支付3000—5000元,还有部分家长愿意支付5000—10000元,海外研学旅行产品可接受的单价高达1.2万元。

(四)行业人才缺乏合理培训

大部分的研学旅行一线从业人员没有经过严格的专业知识培训。2019年10月18日,教育部发布公告,将"研学旅行管理与服务"列入《普通高等学校高等职业教育(专科)专业目录》2019年增补专业,要求自2020年起执行招生计划。该专业的设置主要是为了满足各级学校开展研学旅行活动的广泛需求,也体现了国家对研学旅行行业人才培养的重视。

面对人才匮乏的情况,相关研学旅行机构,除了聘请行业专家进行短期、专业的培训,也应考虑形成长期的系统化培训,落实"旅游+教育+专业技能"的复合型人才的培养,通过旅游与教育、导师与导游的互缺互补,弥补人才短板,从而提升研学旅行服务的品质。

(五)研学旅行基地建设有待提升

目前,绝大多数研学旅行机构没有基地,没有固定的研学旅行活动场所。由于研学旅行基地的投资成本较大,大部分的研学旅行机构并无实力进行相关投资建设,而是选择与地方合作运营。另外,还有部分研学旅行机构通过借用开放式场地开展研学旅行活动。

三、研学旅行市场面临的困境及解决方案

由于没有规范的行业准入标准,目前各地研学旅行市场发展良莠不齐,存在价格虚高、标准不规范、品质参差不齐、研学导师不专业、缺乏一站式平台等问题。要解决这些问题,可以从以下几个方面做出尝试。

(一)政府顶层设计的参与与引导

政府应建立相关的法律法规,完善行业规章制度,明确各相关部门的责任,这样才有利于研学旅行市场的发展。从长远考虑,研学旅行相关规范标准除了标准板块,还应该涵盖师资、市场、目标和评估等。行业规范标准是质量的保障,是传播普及的基础。

另外,政府可为市场提供更多研学旅行项目,设立专项发展基金,加快研学旅行市场的发展。

(二)资源共享,互助成长

应改变目前各自为营的市场现状,打破地域限制,成立权威的行业协会,加强同行业之间的交流与合作,如可以借助互联网技术搭建行业资源共享平台。

(三)专业化的人才培养与输出

应鼓励高校培养本行业所需人才,设立相关专业,如师范类院校等。人才培养体系除了提供专业的学科知识和技能,还应注重就业后本行业的薪酬待遇和成长空间,只有这样才能最终实现专业人才的有效输出。

1

2

（四）专业研学旅行基地（营地）的建设

与传统旅游景区不同，研学旅行基地（营地）更侧重于教育属性，研学旅行企业应对照国家级、省级研学旅行基地（营地）的标准，因地制宜，创新研学旅行产品，实现研学旅行基地（营地）的产品价值。

专业的研学旅行基地（营地）除了应具备安全、合理的物理场地，还应具备研学旅行课程的研发能力、体验空间的运营管理能力及雄厚的师资力量等。研学旅行基地（营地）运营管理难度大、投资成本高，因此需要强大的资金作为支撑。

本章小结

本章分析了研学旅行的由来与定义，解释了研学旅行产品的六大特性，分析了我国研学旅行发展的历史、现状及特点，并比较分析了研学旅行市场营销与一般旅游市场营销的异同。

课后训练

1. 什么是研学旅行？
2. 研学旅行产品有哪六大特性？
3. 为什么研学旅行会成为当今国内旅游业的热门话题？

第三章
研学旅行市场环境分析

学习目标
1. 了解研学旅行市场环境的现状。
2. 了解中国的宏观经济环境。
3. 了解研学市场营销的微观环境。

知识框架

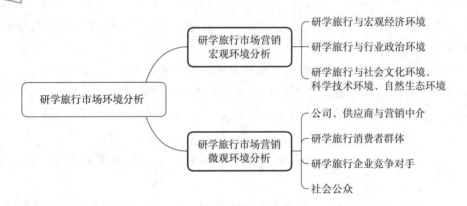

学习重点

1. 研学旅行行业政治环境分析。
2. 研学旅行目标群体分析。
3. 研学旅行市场宏观环境分析。
4. 研学旅行市场营销的微观环境分析。

2019年我国GDP近百万亿元,增长6.1%
——人均1万美元,了不起

又一个巨大的飞跃!

2020年1月17日,2019年中国经济数据火热出炉。初步核算,2019年我国国内生产总值(GDP)为99.0865万亿元,比上年增长6.1%;按年平均汇率折算,人均GDP突破1万美元大关,达到10276美元。

中国综合国力进一步增强,"家底"更殷实。

2019年,我国GDP接近100万亿元,按照年平均汇率折算,达到14.4万亿美元,稳居世界第二。回望历史,挣下如此丰厚的家底,着实不易。

1952年,中国GDP仅为679亿元。1986年,中国经济总量突破1万亿元,从中华人民共和国成立时的百废待兴到经济总量迈上1万亿元台阶,我们花了37年;从1万亿元到2000年突破10万亿元大关,我们花了14年;从10万亿元到2019年近百万亿元,我们只用了19年。

"用人均水平考察,我国发展中国家特征没有根本改变。"王远鸿介绍,从投资水平来看,目前我国基础设施人均资本存量只有发达国家的20%—30%。从消费结构来看,2019年我国居民消费恩格尔系数为28.2%,仍高于发达国家的水平,说明中国百姓还需要用较大比重的支出来满足吃饭、穿衣等基本需要。

许伟也表示,中国离高收入国家的门槛还有差距,需要集中精力推动高质量发展。

"收入决定消费,居民可支配收入持续增加,意味着中国消费规模的持续扩大,消费升级的持续推进,以及经济结构的持续优化。"王远鸿说。

2019年,消费作为经济增长"主引擎"的作用进一步巩固,最终消费支出对GDP增长的贡献率为57.8%,高于资本形成总额26.6个百分点。全年全国居民人均消费支出中,服务性消费支出占比为45.9%,比上年提高1.7个百分点。

(资料来源:《人民日报》,2020年1月18日。)

分析思考:

1. 中国是否已经踏入发达国家行列?
2. 中国宏观经济的发展对研学旅行市场有哪些方面的影响?

第一节 研学旅行市场营销宏观环境分析

研学旅行市场营销宏观环境包括宏观经济环境、行业政治环境、社会文化环境、科学技术环境和自然生态环境等。

一、研学旅行与宏观经济环境

(一)国内经济的腾飞与居民消费模式的变化

中国政府官方数据显示,2019年中国GDP近百万亿元,增长6.1%,人均GDP突破1万美元。中国人均GDP稳居世界中等收入国家的行列,人文发展指数地位也在进一步提升中。

从消费结构看,2019年我国居民消费恩格尔系数为28.2%,仍高于发达国家的水平。这说明中国人民还需要用较大比重的支出来满足吃饭、穿衣等基本需要,中国离高收入国家还有差距,需要推动各行各业高质量发展。国家统计局发布的《中华人民共和国2019年国民经济和社会发展统计公报》中指出,2019年全年GDP为990865亿元,较2018年增长6.1%;2015—2019年,GDP每年的增长都超过6%;2019年人均GDP达70892元,较2018年增加5.7%。中国经济运行总体平稳,发展水平逐步迈向新台阶,发展质量稳步提升,人民生活福祉持续增进,各项事业繁荣发展,生态环境质量总体改善,逐步实现全面建成小康社会。

(二)居民消费模式的变化

1. 人均可支配收入和人均消费支出稳步增长

《中华人民共和国2019年国民经济和社会发展统计公报》中指出,2019年中国全年居民人均可支配收入为30733元,较2018年增长8.9%,扣除价格因素,实际增长5.8%。2019年全国居民人均消费支出为21559元,比2018年增长8.6%,扣除价格因素,实际增长5.5%。其中,教育文化娱乐消费支出占全国居民人均消费支出的11.7%。2020年,在新冠疫情的影响下,中国GDP仍然较2019年增长2.3%,人均可支配收入扣除价格因素仍然增长2.1%,人均消费支出扣除价格因素下降了4.0%。

2. 旅游人次受经济和社会因素影响极大

《中华人民共和国2019年国民经济和社会发展统计公报》中的数据显示,全年国内游客、入境游客、过夜游客、国际旅游收入、居民出境等数据都呈现出上涨的趋势。2020年,受新冠疫情影响,国内游客较2019年下降52.1%,其他旅游数据也下降了50%左右。2021—2022年,旅游数据则呈现明显的上升趋势。

3. 研学旅行正处于重要的发展机遇期

我国正处于第三次消费结构升级阶段,旅游休闲、居民教育等领域的消费支出呈现增长迅猛的趋势,其中教育文化娱乐消费支出已超过全国居民人均消费支出的10%。研学旅行作为服务性消费模式的热门代表之一,迎来了重要的发展机遇。

二、研学旅行与行业政治环境

近几年,国家和地方多部门下发了关于研学旅行行业的政策意见,行业市场的需求和人口红利的惠及,研学旅行市场进入高速发展时期。

市场深受政治环境变化的影响。政治环境是由法律、政府机构和在社会上对各种组织及个人有影响和制约作用的压力集团构成的(Kotler等,2002)。本节将讨论政治趋势的变化,特别是新德育政策对研学旅行市场发展的重大意义。

(一)新德育政策

1. 新德育政策概述

为了提高中小学德育水平,2017年8月中华人民共和国教育部印发了指导中小学生德育工作的规范性文件《中小学德育工作指南》,适用于国内所有普通中小学。

在指导思想上,《中小学德育工作指南》始终坚持育人为本、德育为先,大力培育和践行社会主义核心价值观,以培养学生良好思想品德和健全人格为根本,以促进学生形成良好行为习惯为重点,坚持教育与生产劳动、社会实践相结合,坚持学校教育与家庭教育、社会教育相结合,不断完善中小学德育工作长效机制,以实现全面提高全国中小学德育水平。

在基本原则上,《中小学德育工作指南》强调以下四个基本原则。

第一,坚持正确方向。坚持社会主义办学方向,把握中小学思想政治和德育工作主导权。

第二,坚持遵循规律。符合中小学生的年龄特点、认知规律和教育规律,注重学段衔接和知行统一,强化道德实践、情感培养和行为习惯养成,努力增强德育工作的吸引力、感染力、针对性和实效性。

第三,坚持协同配合。发挥学校主导作用,引导家庭、社会增强育人责任意识,提高对学生的发展、成长成人的重视程度和参与度,形成学校、家庭、社会协调一致的育人合力。

第四,坚持常态开展。推进德育工作制度化与常态化,创新途径和载体,将中小学德育工作要求贯穿融入学校各项日常工作中,形成德育工作长效机制。

以上是教育部2017年印发《中小学德育工作指南》中的总体目标,该指南是教育部指导中小学德育工作的规范性文件,适用于国内所有普通中小学,在组织实施的过程中,各级教育行政部门、学校、学校党组织及校长都需重视并且将德育工作作为日常工作的重要内容,要求从以下几个方面加强德育工作:

(1)加强德育工作的组织领导的作用。

(2)加强德育工作条件保障作用。

(3)加强德育工作的队伍建设。
(4)加强德育工作的督导评价。
(5)加强德育工作的科学研究。

德育工作在具体实施的过程中,必须从德育学段目标、内容、实践途径和要求等方面做到以下几个方面的内容:

(1)要符合《中小学德育工作指南》的总体目标及指导精神。
(2)要符合学校本土特色及教学目标。
(3)要符合中小学生各个年龄段身心发展特点。
(4)要符合中小学生总体综合素质提升的教学效果。

根据《中小学德育工作指南》的内容,现将中小学德育学段目标、内容及实践途径和要求进行总结,分别如表3-1、表3-2、表3-3所示。

表3-1 中小学德育的学段目标

学段	品质培养	知识培养	能力与情感培养
小学低年级	形成自信向上、诚实勇敢、有责任心等良好品质	初步了解生活中的自然、社会常识和有关祖国的知识,保护环境,爱惜资源	热爱中国共产党、热爱祖国、热爱人民,爱亲敬长、爱集体、爱家乡,养成基本文明行为习惯
小学中高年级	形成诚实守信、友爱宽容、自尊自律、乐观向上等良好品质	了解家乡发展变化和国家历史常识,了解中华优秀传统文化和党的光荣革命传统,理解日常生活的道德规范和文明礼仪,初步形成规则意识和民主法治观念	热爱中国共产党、热爱祖国、热爱人民,养成良好生活和行为习惯,具备保护生态环境的意识
初中学段	形成尊重他人、乐于助人、善于合作、勇于创新等良好品质	理解基本的社会规范和道德规范,树立规则意识、法治观念,培养公民意识,掌握促进身心健康发展的途径和方法	热爱中国共产党、热爱祖国、热爱人民,认同中华文化,继承革命传统,弘扬民族精神,养成热爱劳动、自主自立、意志坚强的生活态度
高中学段	具备自主、自立、自强的态度和能力,初步形成正确的世界观、人生观和价值观	民族精神的学习与渗透,法治知识的学习,马克思主义思想的学习,人生发展道路上相关知识的学习	热爱中国共产党、热爱祖国、热爱人民,拥护中国特色社会主义道路,弘扬民族精神,增强民族自尊心、自信心和自豪感,增强公民意识、社会责任感和民主法治观念,学习运用马克思主义基本观点和方法观察问题、分析问题和解决问题

表 3-2 中小学德育的内容

类别	知识目标	能力目标	情感目标
理想信念教育	开展马列主义、毛泽东思想的学习教育；加强中国特色社会主义理论体系学习教育；深入学习习近平总书记系列重要讲话精神；领会党中央治国理政新理念新思想新战略；加强中国历史特别是近代史教育、革命文化教育、中国特色社会主义宣传教育、中国梦主题宣传教育、时事政策教育等	深入了解中国革命史、中国共产党党史、改革开放史和社会主义发展史；继承革命传统、传承红色基因，深刻领会实现中华民族伟大复兴是中华民族近代以来最伟大的理想	培养对党的政治认同、情感认同、价值认同；不断树立为共产主义远大理想和中国特色社会主义共同理想而奋斗的信念和信心
社会主义核心价值观教育	深入开展爱国主义教育、国情教育、国家安全教育、民族团结教育、法治教育、诚信教育、文明礼仪教育等	国家层面：牢牢把握富强、民主、文明、和谐的价值目标。社会层面：深刻理解自由、平等、公正、法治的价值取向。公民层面：自觉遵守爱国、敬业、诚信、友善的价值准则	把社会主义核心价值观融入国民教育全过程，落实到中小学教育教学和管理服务各环节
中华优秀传统文化教育	开展家国情怀教育；开展社会关爱教育；开展人格修养教育	了解中华优秀传统文化的历史渊源、发展脉络、精神内涵	增强文化自觉和文化自信
生态文明教育	加强节约教育和环境保护教育，开展大气、土地、水、粮食等资源的基本国情教育，开展节粮节水节电教育活动	了解祖国的大好河山和地理地貌，推行实行垃圾分类，倡导绿色消费；树立尊重自然、顺应自然、保护自然的发展理念	养成勤俭节约、低碳环保、自觉劳动的生活习惯，形成文明的生活方式
心理健康教育	开展认识自我、尊重生命、学会学习、人际交往、情绪调适、升学择业、人生规划以及适应社会生活等方面的教育	增强调控心理、自主自助、应对挫折、适应环境的能力	培养健全的人格、积极的心态和良好的个性心理品质

表 3-3　中小学德育的实践途径和要求

实践途径	校内课程的实践标准	实践方法:校内外课程实践实操
实践途径一（课程育人）		
(1)充分发挥课堂教育的主渠道作用,将中小学德育的内容细化落实到各学科课程的教学目标之中,融入渗透教育教学全过程。 (2)开展法治教育、廉洁教育、反邪教教育、文明礼仪教育、环境教育、心理健康教育、劳动教育、毒品预防教育、影视教育、专题教育等	(1)按照义务教育、普通高中课程方案和标准,上好道德与法治、思想政治课,落实课时,不得减少课时或挪作他用。 (2)围绕课程目标联系学生生活实际,挖掘课程思想内涵,充分利用时政媒体资源,精心设计教学内容,优化教学方法,发展学生道德认知,注重学生的情感体验和道德实践	(1)语文、历史、地理等课程利用课程中语言文字、传统文化、历史地理常识等丰富的思想道德教育因素,潜移默化地对学生进行世界观、人生观和价值观的引导。 (2)数学、科学、物理、化学、生物等课程加强学生科学精神、科学方法、科学态度、科学探究能力和逻辑思维能力等的培养,促进学生树立勇于创新、求真求实的思想品质。 (3)音乐、体育、美术、艺术等课程要加强对学生审美情趣、健康体魄、意志品质、人文素养和生活方式的培养。 (4)外语课程要加强对学生国际视野、国际理解和综合人文素养的培养。 (5)综合实践活动课程要加强对学生生活技能、劳动习惯、动手实践和合作交流能力的培养。 (6)用好地方和学校课程。要结合地方自然地理特点、民族特色、传统文化以及重大历史事件、历史名人等,因地制宜地开发地方和学校德育课程,引导学生了解家乡的历史文化、自然环境、人口状况和发展成就,培养学生爱家乡、爱祖国的感情,树立维护祖国统一、加强民族团结的意识
实践途径二（文化育人）		
因地制宜开展校园文化建设,使校园秩序良好、环境优美,校园文化积极向上、格调高雅,提高校园文明水平,让校园处处成为育人场所	校园文化特色化;校园环境美化标准化;校园文明活动标准化;校园网络文化标准化	(1)优化和美化校园环境。 (2)设计符合学校理念的校徽、校训、校歌和校旗等。 (3)组织与校园文化相关的特色校园文明活动。 (4)打造干净清朗的校园网络文化

续表

实践途径	校内课程的实践标准	实践方法:校内外课程实践实操
实践途径三(活动育人)		
(1)精心设计、组织开展主题明确、内容丰富、形式多样、吸引力强的教育活动。 (2)促进学生形成良好的思想品德和行为习惯	(1)定期组织和开展校园活动。 (2)各类主题活动提前计划。 (3)各类主题活动有序进行。 (4)校内各类主题活动仪式流程及细节精细化。 (5)完善学生社团管理制度,建立各类学生社团,并为各类社团提供经费、场地和活动时间等方面的保障	(1)开展传统节日纪念活动,增强传统节日的体验感和文化感(如介绍节日历史渊源、精神内涵、文化习俗等)。 (2)开展重大节日的主题教育活动(如植树节、劳动节、青年节、儿童节、教师节、国庆节等)。 (3)开展纪念日的主题教育活动(如地球日、健康日、烈士纪念日等)。 (4)开展仪式教育活动,了解不同类型教育活动应具备的礼仪礼节与活动方式,严格执行升挂国旗制度。 (5)开展特色的科技节、艺术节、运动会、读书会等,丰富学生校园生活,促进学生身心健康发展
实践途径四(实践育人)		
开展各类主题社会实践活动,每学年安排1周时间。 (1)开展中华优秀传统文化教育。 (2)开展革命传统教育。 (3)开展法治教育。 (4)开展文化艺术教育。 (5)开展科普教育。 (6)开展国防教育。 (7)开展环境保护教育。 (8)开展安全教育。 (9)开展关爱老人、孤儿、残疾人教育。 (10)开展健康教育	(1)根据学校的办学理念和办学特色,以及各年级学生身心发展特点、所学的校内课程内容,开展有教育意义的各类教育实践活动。 (2)组织研学旅行,将研学旅行纳入学校教育教学计划。 (3)做好学生志愿服务认定记录,建立学生志愿服务档案	利用各类校外活动场所与专题教育实践基地等资源开展不同主题的活动或是按照教学计划组织研学旅行活动。 (1)传统文化教育:历史博物馆、文物展览馆、物质和非物质文化遗产地等。 (2)革命传统教育:革命纪念地、烈士陵园(墓)等。 (3)法治教育:法院、检察院、公安机关等。 (4)文化艺术教育:美术馆、展览馆、音乐厅等。 (5)科普教育:科技类馆室、科研机构、高新技术企业设施等。 (6)国防教育:军事博物馆、国防设施等。 (7)环境保护教育:环境保护和节约能源展览馆、污水处理企业等。 (8)安全教育:交通队、消防队、地震台等。 (9)关爱老人、孤儿、残疾人教育:养老院、儿童福利机构、残疾人康复机构等社区机构。 (10)健康教育:体育科研院所、心理服务机构、儿童保健机构等

续表

实践途径	校内课程的实践标准	实践方法：校内外课程实践实操
实践途径五（管理育人）		
（1）推进学校治理现代化。 （2）提高学校整体管理水平。 （3）将中小学德育工作的要求贯穿于学校管理制度的每一个细节	（1）完善学校的管理制度。 （2）制定班级民主管理制度，形成学生自我教育、民主管理的班级管理模式。 （3）制定防治学生欺凌和暴力工作制度，健全应急处置预案，建立早期预警、事中处理及事后干预等机制。 （4）会同相关部门建立学校周边综合治理机制，对社会上损害学生身心健康的不法行为依法严肃惩处。 （5）明确和规范教职员工规章制度。 （6）加强师德师风建设。 （7）细化学生行为规范。 （8）关爱特殊群体	（1）制定合理的校规与校纪，健全学校管理制度，规范学校治理行为，形成全体师生认同并能够自觉遵守的制度规范。 （2）制定合理的班规，形成学生自我教育、民主管理。 （3）对学生校园霸凌进行宣教工作，健全应急处置预案。 （4）与周边部门合作，杜绝社会上损害学生身心健康的不法行为。 （5）建立全校员工的具体规章制度，明确各个岗位教职员工的育人责任，并规范教职员工的言行举止。 （6）落实《中小学生守则（2015年修订）》，结合学校实际情况制定学校学生日常行为规范，并认真落实与践行。 （7）完善学校联系关爱机制，关爱特殊学生与特殊教职员工
实践途径六（协同育人）		
与家长协同育人；与社会协同育人；与研学旅行机构协同育人	（1）建立健全家庭教育工作机制。 （2）建立健全社会共育机制。 （3）建立健全研学旅行机构协同育人机制	（1）积极与家长进行互动，争取家长参与学校德育工作。 （2）引导家长注重家庭、家教、家风，给学生营造良好家庭氛围。 （3）统筹家长委员会、家长会、家访、家长开放日等家校沟通渠道。 （4）主动联系当地各政府部门，发挥党政机关和企事业单位领导干部、专家学者及退休老干部、老教师、老模范等的作用。 （5）与社会各方建立联动机制，实现社会资源共享共建，助力广大中小学生健康成长。 （6）与研学旅行机构进行紧密的联动与合作，根据本校办学特色与学生自身的特色选择适合本校学生的课外研学旅行实践活动

2. 中小学德育工作的总体目标

深入贯彻落实立德树人根本任务，加强对中小学德育工作的指导，切实将党和国家关于中小学德育工作的要求落细、落小、落实，着力构建方向正确、内容完善、学段衔接、载体丰富、常态化开展的德育工作体系，大力促进德育工作专业化、规范化、实效化，努力形成全员育人、全程育人、全方位育人的德育工作格局。

3. 新德育的未来走向

德育是全球教育的重点及教育领域的发展趋势，是为了服务国家的政治、经济及文化制度而衍生出的产物，国内外对德育都非常重视（任忆，2016）。德育具有社会性，不同国家和不同时代的德育具有不同的社会性，也就具有不同的德育规范。

从学科性质来看，德育是一门需要理论结合实践的学科，坚持正确的政治方向是德育的根本标志；实践是检验德育效果和对德育重视程度的重要标准；建立德育网络系统和创造良好的环境是实践德育的首要条件；将学校的党组织建设好是落实德育的根本保障（李长喜、卓晓君，1992）。

从功能的角度来看，德育是为国家的政治、经济和文化制度服务的产物，但目前国内外的德育依然存在着不同的问题（任忆，2016）。国内德育研究专家檀传宝教授认为，社会普遍对德育的功能认识有所偏差，并阐述德育自身存在无度和无序的缺点：其一，德育的功能具有适度的特点，能够发挥的功能数量是有限的。其二，德育对学生的影响具有层次性的特点，不同的学生受教育的程度有所差异。其三，德育对不同的道德品质的影响力和时效性存在着区别。因此，檀传宝教授主张把德育期望当作对德育实践的一种激励或是动力，但是不能成为用作现实德育的评价标准。

国内外的德育都存在着一定的问题，都在寻找完善德育的模式。现阶段国内德育模式仍然存在着如下普遍性的问题：

一方面，德育模式呈单一性。单一性既体现在德育的提供者上，也体现在德育的教学模式上，如德育工作主要依赖学校完成，忽略了家长和社会的作用；德育的教学方法以知识灌输的模式居多，但近年来已经有所改善。以中小学的安全教育平台为例，信息时代的德育在加入了网络互动后，不仅让家长参与到德育中，并且德育的教学方式也变得更为生动有趣与多样化，但不能忽略的是，如何在网络世界正确引导青少年，如何避免网络对青少年产生不良的思想传播影响，以及如何避免不良的网络使用习惯的形成，这些都是需要考虑和解决的问题。

另一方面，德育时效性较低，效果不甚理想。在目前的德育中，受教育者的主观能动性没有完全发挥出来，这种德育会产生一定的负面影响，与德育应有的内涵和原则背道而驰。尽管如此，德育依然是中小学生受教育的重点科目，只有正视德育过程中出现的实际问题，丰富德育的提供者的类型，提高其素质，加强德育教学方法的多样性，发挥受教育者的主观能动性，才能帮助德育实现其真正的现实意义。

4. 研学旅行与新德育政策

德育不仅需要实践结合理论，而且需要更为丰富的教学模式，以增加教学趣味性，并且发挥受教育者的主观能动性。研学旅行作为中小学生的一门必修的课外实践活动课，近年来在国内受到国家政府部门、学校、家长及社会的广泛关注与认可。不可否认的是,目前国内中小学生研学旅行是德育的一个重要实现渠道。

从教育目的来看,新德育与研学旅行教育具有一致性的特点,通过教育的手段培养中小学生成为具有独立思考能力、行动能力、反思能力以及社会性的人。

从教育内容来看,研学旅行教育是新德育内容中课外实践活动的部分,是实现新德育教学的重要渠道之一。

从教育实践途径与新德育目前存在的困境来看,研学旅行教育是解决新德育单一性、灌输性、时效低等问题的新型教学途径,是新德育的创新课外实践途径,是相对容易得到家长与学生认可的新德育途径,可采用趣味更浓、互动性更强且具有以学员为中心、注重体验性、重视启发思考等特点的课外实践活动形式,是可以改善中小学生新德育现状的一种可行性路径。

(二)"双减"政策

1. "双减"政策带来的机遇

2021年7月,中共中央办公厅、国务院办公厅出台了《关于进一步减轻义务教育阶段学生作业负担和校外培训负担的意见》,简称"双减"政策,此政策明确规定了学生的作业量,同时针对学生课外培训,指出将现有的校外培训机构统一为非营利机构,校外机构不能占用国家法定节假日、休息日及寒暑假组织学科类培训,中小学生的周末及寒暑假不再被学科补习占有。该政策发布后,国内校外培训行业一夜之间面临着裁员、股价暴跌等,甚至是倒闭的危机。

与此形成鲜明对比的是研学旅行行业,不能参加校外培训的周末及寒暑假,中小学生急需纳入新的知识、开阔视野,而研学旅行作为"旅游+教育"的新模式在"双减"政策下也遇到了新的机遇与挑战。中国旅游研究院博士韩元军表示,"双减"政策的落地,将会促使研学旅行市场形成巨大的经济规模。

携程《2021暑假旅游大数据报告》显示,"双减"政策出台的第一个暑假,研学旅行体验已成为暑假定制游的主力军,暑假研学旅行人数同比增长在650%以上,研学旅行类产品在亲子游订单中占比接近七成。驴妈妈平台数据显示,2021年国庆节期间,研学旅行出游量较2020年增长78%。

2. "双减"政策带来的挑战

研学旅行的巨大市场前景有目共睹,现阶段大量的校外培训机构开始转型进军研学旅行市场,市场竞争将会非常激烈。研学旅行企业在激烈的竞争环境下,自然会转型、升级,以满足消费市场的需求,进而在市场中占有一席之地。

三、研学旅行与社会文化环境、科学技术环境、自然生态环境

研学旅行是指利用优秀的民族社会历史文化和自然地理文化的鲜活展演性、环境始源性和地域实践性等特性,将研究性学习与旅行体验相结合,开展全方位、立体式、体验式的学习活动,让学习者身心在场、陶冶心性。

研学旅行的探索性强、实践性强、趣味性强、研究性强等特点,可助力中小学生提

升自理能力、实践能力、管理能力与创新精神等。

中小学研学旅行是指依托中华优秀传统文化,如文化遗迹、历史博物馆、非物质文化遗产等,以及科技馆、实验室与研究院、高科技企业、国家公园、国家自然保护区等场所的资源,创造和设计适合中小学生的研学实践活动。

将研学与中华优秀传统文化深度融合的研学旅行产品是目前许多中小学的重要选择。研学旅行与中华优秀传统文化具备教育目标一致、内容共存、途径相同等共通性,研学与文化融合的研学旅行课程形成了文化与实践育人相呼应的特点,在研学课程设计中融入中华优秀传统文化的元素,将社会主义核心价值观、红色文化、非物质文化遗产等中华优秀传统文化通过研学实践的方式进行展示,让参与者通过亲身体验的方式理解中华优秀传统文化的精髓,从而在潜移默化中逐步增强文化自信。

科技的发展决定着一个国家的未来,科技类的研学旅行目前得到政府与社会各界的大力支持,中小学生通过先进科技研学实践活动尝试探秘科普与追求真理,从而逐步完善自身的创新能力,激发科技兴国的宏图大志。

自然类的研学旅行因其"治愈"功能与教育功能,越来越被公众所认可。针对不同年龄段学生的需求,设计出高质量的自然研学旅行课程,这是很多国家公园与国家自然保护区努力的方向。例如,广东车八岭国家级自然保护区近几年结合保护区科普宣教进行自然研学旅行课程的设计,在充分调研与研讨后,保护区科普团队设计与编写了融合自然科普教育、环保理念的自然研学旅行课程。通过"请进来"(请进保护区)与"走出去"(走进校园)的模式力争让更多的中小学生通过国家自然保护区的自然场所进一步认识自然、了解自然,并激发他们尊重自然、热爱自然、保护自然的积极性。保护区管理者表示,接下来将会组织科普博士团队、科普志愿者及科普讲解工作人员编写更多自然研学旅行课程,并积极探索自然云课堂的授课方式,从而惠及更多的青少年及社会公众。

第二节 研学旅行市场营销微观环境分析

一、公司、供应商与营销中介

供应商即供应方,文化和旅游部的重要文件——《研学旅行服务规范》(LB/T 054—2016)将供应方(supplier)定义为"与研学旅行活动承办方签订合同,提供旅游地接、交通、住宿、餐饮等服务的机构"。目前,国内的研学旅行的供应方不仅仅是旅游机构,除了专门成立的研学旅行机构,许多传统机构、企业、景区都开始转型,如校外培训机构、旅游景区、研学旅行基地(营地)、高新科技企业,以及OTA(online travel agency,在线旅行社)平台等,即使受新型冠状病毒疫情的影响,截至2021年底,提供研学旅行服务的机构与公司也有上万家,供应规模庞大。

研学旅行公司、供应商与营销中介等有可能归属于同一个企业。供应渠道是指通过研学旅行目的地或基地提供餐饮、住宿、交通等服务;营销渠道是指通过中间商或第三方平台,如OTA等研学旅行电商渠道进行营销。目前,研学旅行公司、供应商与营销中介仍处在发展的前期,相互之间的合作也处在探索阶段,需要更长时间的磨合才能达到稳定和谐。

二、研学旅行消费者群体

(一)主要研学群体

研学旅行市场是具有一定特殊性质的旅游市场,其消费者以群体为单位,研学群体以中小学和高等院校学生为主。综合实践活动是国家义务教育和普通高中课程方案规定的必修课程,与学科课程并列设置,是基础教育课程体系的重要组成部分;自小学一年级至高中三年级全面实施,需要结合中小学的教学目标进行设计与营销,以满足中小学生的切实需求;对于自由选择研学旅行的高等院校学生,则需关注其兴趣爱好,进而吸引其参与其中。

(二)商务研学群体

商务研学旅行是指通过研学旅行的方式对科技创新示范企业进行参观与学习,主要包括语言的学习、技能的学习与进修、商务交流等,以商务为目的,研学群体以成人为主。

(三)有共同兴趣爱好的研学群体

有共同兴趣爱好的群体也有研学旅行的需求,如特定文化的艺术家有拜访著名博物馆、美术馆等目的地的需求,行业研究人员有拜访研究场所或考察和调研的需求。

三、研学旅行企业竞争对手

在"双减"政策落地后,大量的教培机构涌入研学旅行市场寻找生机,市场竞争变得愈加激烈。要想通过营销手段促进研学旅行企业持续稳定地发展,可在优秀的研学旅行案例中寻找答案。

(一)满足消费者需求,提供差异化研学旅行产品

在竞争对手的冲击下,市场上一些缺乏应变能力与雄厚资金的中小研学旅行企业已经被新的竞争对手所替代。在巨大商机与重压并存的市场环境下,研学旅行行业必定会进行转型与提升,从而适应市场新的商业形态,整个行业的产业链将会在近几年得到优化与升级。在消费多元化与高质量需求的驱动下,研学旅行行业的市场将会走向市场细分,分工更精细,服务将会更优质以满足社会公众的需求,研学旅行产品的丰富化、标准化、创新化、本土化等特点将会愈加突显,如广东韶关丹霞山风景区利用已有的资源,针对不同消费者群体,提供不同类型的研学旅行产品,其中包括专业见习、

研学游、科研考察等。

(二)整体划一,打造研学旅行品牌

研学旅行是旅游与教育的结合,服务质量与口碑皆达到一定的要求才能开创研学旅行品牌。近年来,研学旅行机构粗放自发式的生长已不再能够满足消费者的需求,对低质量研学旅行和虚假研学旅行的曝光力度也逐渐加大。大机构、有实力的集团或是地方政府都开始把眼光放在研学旅行品牌的建设上,不少地方政府以县为单位,整体划一地进行研学旅行品牌的打造,以形成影响力,增加竞争优势。以山东曲阜为例,曲阜作为孔子文化的发源地,利用孔子文化打造高质量的口碑研学旅行品牌。中国曲阜孔子研学旅游节是山东省对外推广的品牌产品,在推动研学旅行发展的过程中,将传统文化与研学旅行活动进行有效结合,通过活动弘扬儒家优秀传统文化,在曲阜形成了多样化的高质量研学旅行项目,如开笔礼、成人礼、孔庙祈福、"背《论语》免费游'三孔'"、孔庙朝圣、颜府文化体验、"三孔"古建筑研学,以及鲁国故城考古游等(李翠芳、姜爱华,2018)。

(三)整合社会资源,达成合作共赢

研学旅行的参与主体比较复杂多元化,如政府、学校、旅行社、研学旅行基地(营地)、教培机构等,研学企业应加强与政府、学校、研学旅行基地(营地)及其他企业之间的交流,整合各界资源,以达成合作共赢的商业模式。

(四)平衡产品质量与价格,形成价格竞争力

进入21世纪,消费者在选择研学旅行机构时会更倾向于选择性价比高的而非价格最低的,面对庞大的研学旅行市场,很多研学企业、研学营地、景区开始在价格上出奇招,针对研学群体给予相应的优惠政策,如两人同行免减、免费参加复训、免门票等。在价格优惠的基础上,如何保证高质量的研学旅行活动是相关研学企业需要注意的,只有平衡研学旅行产品的质量与价格,才可能形成真正的价格优势。

(五)多元化营销渠道,精准营销

现如今研学旅行企业大多采用以互联网营销为主、以传统媒体为辅的市场营销方式进行营销。在互联网上,研学旅行企业可以充分利用微博、微信公众号、抖音、小红书、视频号等进行宣传与推广,还可通过直播的方式组织有针对性的市场营销活动。

精准有质量的市场营销活动,可以提高研学旅行品牌产品的曝光率,扩大研学企业的影响力,从而树立良好的品牌形象。

四、社会公众

任何企业的市场营销活动都是在一定的社区中进行的,企业必然会同这一社区整体及其社区公众发生千丝万缕的联系,研学旅行企业也不例外。在研学旅行市场营销

活动过程中,只有努力使研学旅行企业的企业文化与现今社区公众文化达成共识,才能赢得社会公众的信任与支持,从而让研学旅行企业在社区中获得良好的口碑与发展环境(郭芳芳,1990)。

(一)保持良好的社会公共关系

研学旅行企业要有教育情怀,要实现其社会价值,并通过其提供的社会价值满足消费者的学习需求与精神追求。研学旅行企业需与社会各界保持良好的公共关系,让社会各界了解其文化与社会价值,从而得到社会各界的资金支持、项目支持或口碑支持等,进而增加其合作机遇,得到更多的交流学习机会,提升整体竞争力。

(二)保持良好的公信力

研学旅行企业在进行市场营销的过程中,通常会遇到两种环境,即任务环境和社会环境。任务环境影响的是研学旅行企业的生产与营销,社会环境虽然与研学旅行企业日常的生产销售并无直接的联系,但是同样会影响研学旅行企业的生存。

互联网媒体领跑的今天,一个负面新闻就有可能让一个研学旅行企业一夜间公信力全无。由于研学旅行的主要消费群体是学生,社会公众对研学旅行的质量要求尤其苛刻。研学旅行企业在市场营销活动中能够做到实事求是而非夸大其词显得尤为重要,否则会失去公信力,甚至有被曝光、投诉或起诉的风险。

(三)保持良好的知名度与美誉度

是否具有良好的企业形象是研学旅行企业的市场营销是否成功的一个重要衡量标准,然而塑造一个良好的企业形象并非易事。每个研学旅行企业都期望能够拥有良好的企业形象,研学旅行企业是服务型企业,需要通过提高消费者对研学旅行产品的满意度及加强其自发的口碑宣传来提高研学旅行产品的知名度与美誉度,因此,研学旅行企业要保证其研学旅行产品的独特性、原创性与高品质。

> **本章小结**
>
> 本章主要从宏观和微观两个层面,分析了研学旅行市场营销环境。研学旅行市场营销的宏观环境包括国内经济发展状况、居民消费模式变化、研学旅行的行业政治环境,以及社会文化环境、科学技术环境、自然生态环境等;微观环境包括研学旅行供应商、营销中介、消费者群体、研学旅行企业竞争对手、社会公众等。

 课后训练

1. 简述新德育政策与研学旅行之间的关系。
2. "双减"政策给研学旅行带来哪些机遇与挑战?
3. 你觉得研学旅行的市场前景如何?
4. 研学旅行企业如何在激烈的竞争中找准市场定位,找到突破口?

第四章
研学旅行市场客群分析

学习目标
1. 掌握研学旅行市场客群的阶段特征。
2. 理解研学旅行市场客群分析的方法。
3. 能够揭示研学旅行各要素的本质和它们之间的客观规律。

知识框架

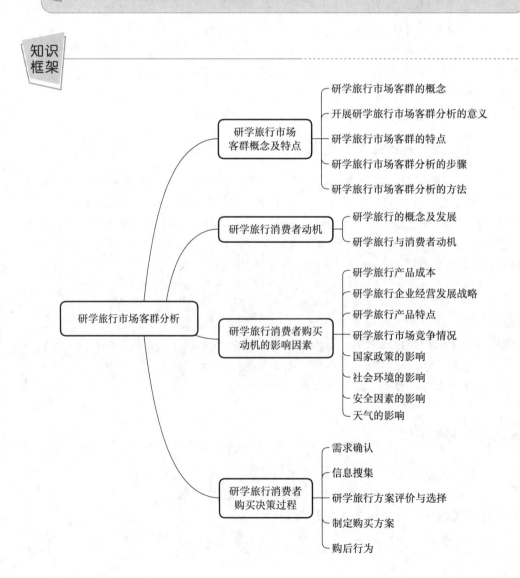

1. 研学旅行市场客群的概念及不同年龄段客群的特点。
2. 研学旅行消费者的购买动机及影响研学旅行消费者购买动机的因素。
3. 形成研学旅行消费者购买决策的过程。

2022年8月4日上午,桂林市复兴小学部分师生代表及家委会成员在桂林市两新组织党群服务中心开展红色研学游——"聆听红色故事 赓续红色血脉 传承红色基因"暑期关爱儿童志愿服务活动。活动在桂林市两新组织党群服务中心举办,临桂区妇女联合会、桂林两新党建红色学院、临桂区退役军人事务局、桂林聚慧创新创业孵化基地妇联、桂林市蓝天救援服务中心妇联主办,区妇联副主席唐海英主持。

活动中,学生及家长在讲解员的带领下参观了桂林市两新组织党群服务中心,通过参观让大家了解党群服务中心的建设意义、功能布局及相关党建知识,加深全体学生对党的认识及增强其爱党、爱国情怀。

活动还特别邀请了退伍老兵潘谊,他讲述了自己参军入伍及在部队期间的作战的故事,用亲身经历形象生动地展示了革命前辈如何在艰难困苦的条件下,用坚定的理想信念和血肉之躯铸造了中华人民共和国,学生及家长专心致志、聚精会神地接受了红色洗礼。

(来源:相关网络资源。)

分析思考:

1. 从上述案例中,总结参与红色研学旅行的客户群体有哪些?这些客户群体具有什么特点?
2. 影响复兴小学师生参与本次红色研学旅行的因素有哪些?

研学旅行是一种具有综合性、体验性、开放性、探索性的户外实践活动,从狭义上来看,它主要是由教育部门和学校有计划地组织与安排,通过集体旅行、集体食宿方式开展的研究性学习和旅行体验相结合的校外教育活动,主要对象为全国中小学生。

第一节 研学旅行市场客群概念及特点

近年来伴随素质教育的不断推进,学校对研学实践课程越来越重视,世界上许多国家将研学旅行列为中小学生教育活动中的一门常态课程,已成为促进中小学生身心和谐发展的路径之一。我国同样也在不断出台相关的研学旅行政策及推进措施,确保研学旅行成为中小学教育活动的重要组成部分,并逐步成为中小学教育活动中的一门必修课程。

一、研学旅行市场客群的概念

研学旅行是由学校根据区域特色、学生年龄特点和各学科教学内容需要,组织学生通过集体旅行、集中食宿的方式走出校园,在与平常不同的生活中拓宽视野、丰富知识,加深与自然和文化的亲近感,增加对集体生活方式和社会公共道德的体验。由研学旅行的定义我们便可得知,研学旅行的市场客群主要为中小学生。研学旅行的需要和欲求随年龄而变化。在研学旅行市场营销中需根据年龄、心理和学段特征来进行市场细分,生产不同的研学旅行产品,并使用不同的市场营销方法,目的就是适应不同学龄阶段的学生群体。

二、开展研学旅行市场客群分析的意义

研学旅行是一种户外实践教育活动,其以在校的中小学生为核心对象,以社会中的自然资源、红色资源、劳动资源、国防资源、工业资源等为载体,将提升学生的综合实践能力为最终的教学目标。一般而言,主要结合学生的身心特征、学校的育人理念、学生的学习阶段等开展研学旅行市场客群分析,从而更好地践行研学旅行的目标与意义。具体来说,开展研学旅行市场客群分析的意义主要包括以下几个方面。

(一)有利于选择目标消费者和制定市场营销策略

开展研学旅行市场客群分析可根据企业自己的经营思想、掌握的研学旅行资源及市场营销实力,确定研学旅行的服务对象,对已有的目标消费者进行市场细分,根据消费者的需求制定特殊的市场营销策略。在客群分析的过程中,目标消费者的需求信息比较容易了解与反馈,一旦消费者的研学旅行消费需求发生改变,企业可迅速改变市场营销策略,推荐相应的研学旅行目的地或制定相应的研学旅行方案与对策,以适应研学旅行市场的需求变化,提升企业的应变能力和竞争力。

2020年,为构建德智体美劳全面培养的教育体系,中共中央及国务院发布了《关于全面加强新时代大中小学劳动教育的意见》,提出把劳动教育纳入人才培养全过程,贯通大中小学各学段,贯穿家庭、学校、社会各方面,与德育、智育、体育、美育相融合;并指出在大中小学设立劳动教育必修课程,系统加强劳动教育,中小学劳动教育课每周

不少于1课时,学校要对学生每天课外校外劳动时间作出规定。

因此,很多研学旅行企业利用其政策及学校需求,根据不同学校的育人理念设计了不同的劳动课程框架体系,包括生活劳动、生产劳动、社会劳动三个方面,同时也涵盖校园建设、实践基地经营、社会志愿服务等多个领域,既让学生全方位地参与劳动教育实践,也实现了学校、家庭、社会协同化的劳动教育建设。

(二)有利于发掘市场机会,开拓新市场

在进行了研学旅行市场客群分析后,企业可进一步了解市场消费者的区域位置、需求方向、购买潜力、满足程度、研学经验、出行习惯等。对市场客群的对比分析,有利于企业探索新的研学旅行市场机会,发现不同的研学旅行消费需求及方向,同时企业可利用新的契机结合其自身的经营实力研发新的研学旅行产品,制订新的市场营销计划,储备必要的研学旅行产品,掌握研学旅行产品更新换代的主动权,以适应市场的需求。

(三)有利于集中投入目标市场的人力、物力

任何一个企业的人力、物力、财力都是有限的。在客群分析后,选择合适的目标市场,集中企业的资源,争取局部市场上的优势,合理有效地利用和配置资源,扬长避短,发挥竞争优势,提高企业的竞争力,占领自己的目标市场。

三、研学旅行市场客群的特点

(一)小学1—3年级学段分析

此阶段的学生学习大部分以兴趣为导向,缺乏良好的学习习惯,多为被动性学习,因此本阶段的研学旅行产品设计中的重点是以学生的学习习惯与学习兴趣为导向。可尝试利用五感教学法向学生介绍研学要点,例如组织学生到大自然中观察植物的色彩,聆听动物的声音,绘制自然笔记等,培养学生对观察自然的兴趣,强化学生的逻辑思维能力与表达能力。

(二)小学4—6年级学段分析

此阶段的学生在经过上一阶段的学习之后,具备一定的观察能力、想象能力、思维能力、阅读能力、遣词造句能力等,其求知欲和好奇心增强,开始独立思考,进行追求与探索。在此阶段需要支持学生对生活的合理想象,同时协助学生将一些想象内容表达出来,引导学生自主思考与探索。

(三)初中1—3年级学段分析

初中阶段的学生在身体发育、知识经验、心理品质方面,相较小学阶段有所发展,但依然保留着小学生的许多特点,看问题处在直观和感性阶段,对问题缺乏理性思考;自我意识开始发展,希望获得周围人的认可,有积极向上、独立自主的愿望。跨入初中

后,学习内容、要求、方法以及环境发生变化,因此需要从学习系统中挖掘能与学生产生强关联的因素,从而培养学生的自驱力,在研学实践中理解、记忆并应用。

(四)高中1—3年级学段分析

高中阶段是青少年身心发展的重要时期,是青少年思想品质、人生观、自我意识、情绪情感、个性、人格等形成的关键时期。处于这个时期的高中生,其心理的发展具有成熟和幼稚、独立和依赖、自觉与盲动等诸多矛盾并存的特点。因此可运用"共生效应"充分发挥群体功能,让孩子们在集体中承担责任、发挥潜能,围绕培养自信、勇于进取、不怕挫折、迎接挑战这类主题设置活动。

四、研学旅行市场客群分析的步骤

研学旅行市场营销管理人员在发现和评价市场机会以及选择目标市场的过程中,除了要广泛地分析研究市场营销环境和大体了解消费者市场、生产者市场、中间商市场和政府市场之外,还要进行市场营销研究和信息搜集工作、市场测量和市场预测工作,根据这些来决定企业应当生产经营哪些新的研学旅行产品,了解目标客群的消费需求。在分析研学旅行市场客群中应遵循以下步骤。

(一)分析研学旅行消费者的特征

研学旅行企业经营者应该首先建立起主要候选产品的消费者(用户)形象,即作为个人或集团性的、现有或潜在的消费者所具备的特征。它可以具体回答:谁购买研学旅行产品?谁使用研学旅行产品?怎样使用研学旅行产品?在哪里可以买到研学旅行产品?怎样买到研学旅行产品?为什么买研学旅行产品?什么时候买研学旅行产品?回答这些问题意味着经营者开始选择候选产品。在分析研学旅行消费者的特征时,刚刚步入市场的研学旅行企业经营者主要依靠自己的研学旅行市场营销经验,对介入学校的研学旅行企业经营者来说,应该侧重于开展市场营销调研,面对面了解学校对研学旅行产品的需求。通过对学校的办学理念、育人方向、研学旅行经验及需求、学生的培养需求等方面的调查,确定消费者对研学旅行产品的需求,从而指导研学旅行企业经营者选择目标市场。

(二)明确潜在消费者的基本需求

潜在消费者的基本需求也是一个非常重要的因素。研学旅行企业可通过市场调查,了解潜在消费者的基本需求。以湖南省某一学校的研学旅行需求为例,研学旅行企业经营者在对学校进行调查的过程中发现,该学校主要想利用湖南现有的资源开展为期2天的研学旅行课程,以激发初中一年级学生对地理的兴趣。研学旅行企业经营者在了解了潜在消费者的这些需求之后,筛选研学旅行目的地,制定符合其需求的研学旅行方案,并针对其需求实施相应的市场营销策略,促进消费者对该企业研学旅行课程的认可与购买。

（三）了解不同消费者的需求

研学旅行消费者的需求是多种多样的，不同层次的消费者群体对于同一产品的诉求也是不一样的，换句话说，在同一类型的研学旅行需求中，不同研学旅行消费者强调的重点可能不一样。比如，根据劳动实践的相关政策，不同阶段的学生在每周必须完成不少于1课时的劳动实践课。小学低年级要注重围绕劳动意识的启蒙，让学生学习日常生活自理，感知劳动乐趣，知道人人都要劳动。小学中高年级要注重围绕卫生、劳动习惯的养成，让学生做好个人清洁卫生，主动分担家务，适当参加校内外公益劳动，学会与他人合作劳动，体会到劳动光荣。初中要注重围绕增加劳动知识、技能，加强家政学习，开展社区服务，适当参加生产劳动，使学生初步养成认真负责、吃苦耐劳的品质和职业意识。在开展户外劳动实践的课程中，虽然同一阶段劳动实践的主题与方向是统一的，但是不同学校、不同年龄段的学生对劳动实践课程的需求不一。

（四）选取重要的差异需求作为初选标准

在开展研学旅行市场客群分析的时候，可以抽调消费者的共同需求，把消费者的特殊需求作为客群分析的标准。研学旅行市场客群分析的标准主要是指能引起研学旅行消费者需求变化的因素，即地理因素、心理因素、行为因素、学校因素等。研学旅行消费者或多或少存在着差异，这些差异导致客群的需求不同，任何一个差异因素都可作为客群分析的依据。常用的分析标准包括以下几种。

1. 地理因素

按地理因素分析消费者群体就是把研学旅行目标市场依据不同的地理因素进行划分，如国家、地区、省市、东部、西部、南方、北方、城市、农村、山区、平原、高原、湖区、沙漠等。将地理因素作为客群差异化分析的依据，是因为地理因素会影响研学旅行消费者的需求和反应。各地区由于自然气候、交通条件、通信条件、传统文化、经济发展水平等因素的影响，形成了不同的消费习惯和偏好，具有不同的需求特点。比如，位于我国不同区域的学校所处的地理位置及依靠的研学旅行资源不同，其对研学旅行的需求就不一样。以湖南省长沙市的某一学校为例，该校对研学旅行的需求是能够通过走进乡村或少数民族区域，促进学生对城乡差异化的了解。

2. 心理因素

在市场营销活动中，常常会出现这种情况，即处于相同人口因素的消费者，对同一产品的爱好和态度会截然不同，这主要是受到心理因素的影响。客群分析的心理因素十分复杂，涉及消费者一系列的心理活动和心理特征，主要包括消费者的生活方式、社会阶层、个性、动机、价值取向、对商品或服务的感受或偏好、对商品价格反应的灵敏程度、对企业促销活动的反应等。

（1）生活方式。

人们在消费、工作和娱乐上往往会表现出特定的习惯，从而构成不同的生活方式，进而产生不同的消费需求和购买行为，即使对同一种商品，也会在质量、外观、款式、规格等方面产生不同的需求。

(2)社会阶层。

由于不同的社会阶层所处的社会环境、成长背景不同,因而其兴趣偏好和消费特点不同,对研学旅行产品或服务的需求也不尽相同。

(3)个性。

个人独特的心理特征,使个人对其所处的环境保持相对一致和持久的反应。每个人都有影响其购买行为的独特个性。在特定的个性与产品或品牌的选择之间存在很强相关性的前提下,个性就可以成为细分市场的心理因素。

(4)偏好。

偏好是指消费者偏向于某一方面的喜好,如有的人喜欢军事国防教育类的研学旅行,有的人喜欢科学探究类的研学旅行,有的喜欢自然观赏类的研学旅行,有的喜欢历史人文类的研学旅行。在研学旅行市场上,研学旅行消费者对不同研学旅行主题的喜爱程度是不同的,有的消费者有特殊偏好,有的消费者有中等程度的偏好,有的消费者没有什么偏好。因此,研学企业要想维持或扩大经营范围,就需要了解消费者的各种偏好,掌握其需求特征,以便在产品、服务等方面满足他们的需要。

3.行为因素

所谓按行为因素分析,是指按照研学旅行消费者对研学旅行产品的了解程度、想要寻求的利益、消费者的消费情况或对价格的反应等行为因素分析消费群体。例如,购买目的、购买时机、所寻求的利益、使用者状况、使用频率、对品牌的忠诚度等对目标消费者群体的选择至关重要。不同的研学旅行消费者在行为上往往会有很大差异,例如,在研学旅行产品招投标过程中,研学旅行机构品牌的各项资质均符合学校要求,同时也承接过大量的研学旅行团队,研学旅行消费者会在某一段时间内只选择该研学旅行机构品牌。因此,研学旅行企业经营者可以按照这种行为习惯将研学旅行消费者分为品牌的坚定忠诚者、转移型忠诚者和无品牌偏好者。

4.学校因素

广州市天河区石牌小学结合自身优势,开展包括以粤剧、醒狮等为主题的多种研学旅行活动,在此过程中,加深了学生对传统文化的热爱和探究。长沙市开福区第一小学以学习伟人精神为主题,参观毛泽东青年时期的雕像,学习毛泽东的探索精神、无畏精神、自律精神,引导学生积极探索知识、学会自律。不同学校有不同的育人理念与办学特色,因此,研学旅行企业在开展研学旅行市场客群分析的过程中,了解学校的特色是不可缺少的一部分。

(五)对可能的消费者群体进行初选

初选时可采用排除法,一步步缩小研学旅行消费者群体的选择范围。先从最明显的因素开始,考虑一个因素,排除一批消费者群体;然后再考虑下一个因素,再排除一批消费者群体,直至剩下几个对象,将其作为初选的目标消费者群体。初步筛选要力求避免两个错误:其一是忽视了为企业主要产品提供良好前景的市场,从而错过巨大的市场机会;其二是在前景不好的市场上花费太多的调研时间。因此,初选工作必须应用于所有市场。同时,初选的速度必须要快、要经济,尽可能从大量公开发行的资料中获得数据。

五、研学旅行市场客群分析的方法

研学旅行市场客群分析的方法主要分为定性分析与定量分析。

（一）定性分析

定性分析是指研究者运用历史回顾、文献分析、访问、观察、参与经验等方法获得教育研究的资料，并用非量化的手段对其进行分析，从而获得研究结论的方法。

（二）定量分析

定量分析的结果通常是由大量的数据来表示的，研究设计是为了使研究者通过对这些数据进行比较和分析做出有效的解释。

定量分析主要依托于问卷调研。问卷调研是为了达到调研目的和搜集必要信息而设计的问题集合。问卷调研是市场调研中极为重要的方法，问卷调研的质量高低取决于设计的问卷质量的高低，问卷质量将对信息或数据的准确性、可靠性产生影响。

一份完整的问卷通常由引言、主体内容和问卷记录三部分组成。

引言要简洁明了，有说服力，能很快地引起被调查者的兴趣。具体来说，应包括标题、调查目的及意义、填表说明等内容。

主体内容是市场调研所需搜集的主要信息，是问卷的主要组成部分，主要是由一个个精心设计的问题与答案所组成的。

问卷记录是指对调研过程中有关人员和事项的记录。一般包括：调查人员姓名或编号，调查时间，调查地点，被调查者的姓名、地址、电话号码等，审核员姓名，问卷编号。

一般来说，问卷调研中的问卷设计应包括八个步骤，如图4-1所示。

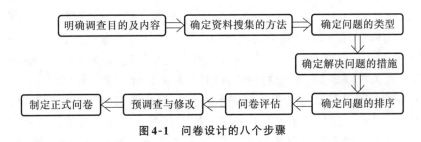

图4-1　问卷设计的八个步骤

在问卷调研结束后，需要对问卷调研的数据展开定量分析。常见的定量分析方法有频率分布法、假设检验法、交叉表法、方差分析法、相关分析法和回归分析法等。

1.频率分布法

频率分布是一种数学分布，其目的是统计某变量所有取值的个数，并以百分数的形式表示。一个变量的频率分布其实是关于这个变量的频数统计表，包括与变量相关的频数百分比及累计百分比。

统计频率分布是了解变量间关系与特性的有效途径，频率分布表能够直观地提供基本的信息。但是有时这种信息量巨大，研究者便会利用描述性统计量进行概括，常用的描述性统计量包括位置度量(平均数、众数、中位数),以及差异性度量(极差、四分位极差、方差标准差)等。

2. 假设检验法

根据变量类型,假设检验可分为参数检验和非参数检验两部分。参数假设检验的对象是区间和比率变量。较为常用的参数检验方法为 t 检验法和 z 检验法,它们是关于一个或两个总体均值的假设检验。非参数假设检验的对象是名义变量和顺序变量。

3. 交叉表法

交叉表法是一种通过表格的形式同时描述两个或两个以上的变量及其结果的统计方法,交叉表反映了这些只有有限分类或取值的变量的联合分布情况。

频数分布法一次描述一个变量,交叉表法可以同时描述两个或两个以上的变量。交叉表法的起点是单变量数据,之后依据研究目的可将这些数据分成多个细目。交叉表法被广泛用于市场调研,因为它有如下优点:使分析结果更直观,更容易被管理者理解;能明了地解释调研结果与经营者行为的联系;有助于帮助理解复杂的问题;可避免空格问题;可将复杂的数据简单化。

制作出的交叉表的优劣,取决于研究者选择关键变量的能力及根据这些变量组成交叉表的能力的强弱。变量的选择工作应当在资料搜集之前完成。另外,交叉表分析只能用于有数据基础的变量分析,它描述的是变量间的关系,但不一定是因果关系。

交叉表法有两点局限:其一,如果需要考虑多个变量,样本容量就应相当大;其二,它很难确保对所有的相关变量都进行了分析,如果变量选择不适当,就会得出错误的结论,即使变量选择正确,研究者也可能会因使用不当而无法找到它们之间真正的关系。

4. 方差分析法

方差分析法是用于检验两个或两个以上样本均值是否相等的统计方法,可分为单因素方差分析法和多因素方差分析法。

5. 相关分析法

在市场调研中,研究者常常会对两个间距变量或比率变量间是否存在关联及其关联强度等感兴趣。例如,市场份额与广告支出的关联程度,消费者对品牌的态度与价格敏感度的相关程度等,与这些类似的问题属于相关分析研究的范畴。

相关分析是通过计算相关系数来表示两个变量之间相关性的强弱。相关系数的取值范围在 -1 和 1 之间,当相关系数的取值趋于 1 时,说明其正相关性越强;当相关系数的取值趋于 -1 时,说明其负相关性越强;当相关系数为 0 时,说明两个变量之间没有相关性。

相关分析法在处理实际问题时有广泛的应用。例如,分析消费者对某商品评价的数据,使用年龄变量和评价分数进行相关分析,得到相关系数为 -0.8776,这说明年龄变量和评价分数之间存在着较明显的负相关性,即年龄越小评价分数越高,此商品越受年轻人的欢迎。

6. 回归分析法

回归分析法被广泛地用于解释市场占有率、销售额、品牌偏好度及市场营销效果等方面。回归分析会把两个或两个以上间距或比率变量的数量关系用函数形式表示出来。在这些变量中,有一个是因变量,其余均为自变量。回归分析可分为一元线性回归分析和多元线性回归分析。

第二节 研学旅行消费者动机

通过研学旅行,学生可以接触多元的教育方式,脱离唯"知识传授"的教育方式,学生在实践体验的基础上,关注实践、立足实践,在学中做,在做中学,提升思想认识,把书本中"死的知识"变成"活的实践"。比如,初中地理教材中讲到中华民族文化异彩纷呈,有汉族、苗族、满族、回族、土家族等民族,各民族在服饰、饮食、文化、风俗、节庆、艺术等各个方面有不同的文化,在此课程学习的基础上设计相对应的研学旅行课程,让学生走进少数民族村落,感受少数民族的历史文化,在环境的刺激与反应中获得对课本知识更深刻的认识与理解。又如初中历史教材中有关于青铜器与甲骨文的内容,如果只采用课堂教学,则学生对四羊方尊、后母戊鼎等青铜器的超高工艺的认识就只能停留于表面的理论知识,若通过研学旅行带领学生走进博物馆,观察青铜器的纹饰、材料、特点,观察甲骨文,并辅以有趣的活动形式,让学生在游中学,那么学生的学习会更加立体,收获会更多。

一、研学旅行的概念及发展

我国"研学旅行"概念最早出现于国务院办公厅2013年印发的《国民旅游休闲纲要(2013—2020年)》中。研学旅行是在继承和发扬了我国 游学传统的基础上出现的。2014年我国教育部基础教育司司长王定华对"研学旅行"进行了定义,同时他提出了我国研学旅行的四个特点:第一,中小学生亲身体验;第二,参加集体活动;第三,不是有意组织的;第四,不是校外排列课后的兴趣小组、俱乐部活动或棋艺比赛、校园文化。

2016年,《关于推进中小学生研学旅行的意见》出台,该文件认为中小学生研学旅行的推进需要政府部门和中小学有组织地安排,研学旅行是在校外进行集体饮食和住宿并开展研究性学习的活动,是创新的校内、校外教育相结合的形式,同时也是综合实践育人的有效途径。研学旅行寓教于乐、寓学于游,是一种新型的旅游方式。

二、研学旅行与消费者动机

(一)动机的概念

动机(motivation)是指使人们进行活动的念头或原因。动机的实质是推动人们从事某种活动,并引导活动朝向某一目标的内部心理过程或内在动力。产生动机的内在条件是需要。动机是在需要的基础上产生的,需要只是一种潜在的驱动力量,表现为某种愿望、意向,而一旦有某种与需要相适宜的目标物(诱因)出现时,作为潜在驱动力的需要才可能被激活从而转化为动机。动机和需要是紧密相连的,但两者之间也有差异。需要在主观上常以意向和愿望的形式被体验着。人模糊意识到的、未分化的需要叫意向(intention)。有某种意向时,人虽然意识到一定的活动方向,却不明确活动所依据的具体需要和以什么途径及方式来满足需要。明确意识到并想实现的需要叫愿望(wish)。如果愿望仅停留在头脑里,不把它付诸实际,那么这种需要还不能成为活动的动因。只有当愿望或需要激起人进行活动并维持这种活动时,需要才成为活动的动机。动机就是激发和维持个体进行活动,并引导该活动朝向某一目标的心理倾向或动力。

"动机"一词最早于1918年被应用于心理学领域,动机是行动导向某目标的内部驱动力,其有三个方面的功能:第一,激发功能,即使某个个体产生某种行为;第二,指向功能,即使个体的行为指向一定目标;第三,调节维持功能,即在一定时间内使某个个体的行为维持一定的方向和强度。

根据起源情况,可将动机分为两类:一类是趋于生理性的动机,另一类是趋于社会性的动机。

根据产生原因,可将动机分为三类:内在动机、外在动机、参与动机。内在动机是指愿望、理想等个体自身的内部动因,外在动机是指由奖惩、实物等导致的外部诱因,参与动机即个体由于内部或外部因素所导致的参与某项活动或具有某种行为的内部驱动力或心理倾向。

(二)动机产生的条件

动机的产生必须有内在条件和外在条件共同作用。

引发动机的内在条件需要:个体某种需要得不到满足,就会被动地寻找满足需要的对象,从而产生个体行为的动机。需要是个体行为积极性的源泉,动机则是这种源泉的具体表现。需要是动机形成的基础,动机是由需要引起的。

引发动机的外在条件是能够满足需要的事物,这些事物可以诱发动机,也称为诱因。诱因可以驱使个体产生某种行为,诱因的刺激强度越大,越有可能产生强烈的动机。

(三)研学旅行消费者的主要动机

在旅游动机理论整体向前推进的大环境下,有学者开始研究研学旅行消费者的动机。梁俭以重庆市各个高校的留学生为研究对象,发放调研问卷,研究留学生来重庆游学的影响因素,分析得出,接受文化教育是主要的推力因素,重庆地区的教育优势是主要的拉动因素,同时还受到个人偏好和区域发展的影响[①]。董建英等以太原市的中小学生为调查对象,研究得出研学旅行需求动机包含了求知、身心、自我实现和研学旅行吸引物的动机[②]。李东和等从合肥市选取了三所比较具有代表性的中小学,采取了问卷调研与深度访谈相结合的方式对三所学校的中小学生的研学旅行动机进行分析,

---

① 梁俭.基于主成分分析法的来渝留学生修学旅游影响因素研究[D].重庆:西南大学,2012.
② 李天元.旅游学概论[M].天津:南开大学出版社,2003.

提出研学旅行动机包含效果认知、环境认知和障碍认知三个维度[1]。张娇娇认为大学生的研学旅游共有五种动机,分别为异性交友的动机、离开熟悉环境缓解压力的动机、挑战独立生活的动机、异地消费的动机、避免熟人打扰的动机[2]。

结合国内外不同学者的论述,本书认为研学旅行消费者的主要动机有以下几种。

1. 求知动机

研学旅行是一次户外实践过程,也是通过接触社会不断丰富自身知识素养的过程,中小学生可在研学旅行过程中进入一个自己从未了解过的特殊领域,这对于学生来说是十分新奇的体验。社会上的研学旅行资源多种多样,有红色教育类、劳动教育类、军事体验类、自然科普类、传统文化类、志愿服务类等,学生通过参与研学旅行可以不断充实自己的知识库,开阔眼界,丰富阅历。

2. 旅游动机

旅游动机是人类社会发展到一定阶段的产物,它是指人们在特定的社会环境和特定的经济条件下为满足某种目的而进行游历、旅行的愿望和要求。Dann是最早做旅游动机研究的,他认为旅游动机中存在着推力和拉力两种力量,推力动机是由人们的心理因素造成的[3],如希望放松身心、渴望社交等,而拉力动机则主要是指目的地本身所具有的属性,如优美的自然风光、独特的人文景观等。当消费者把研学旅行当作一门必修的课程,人们鼓励研学旅行,就会激发学生旅游的兴趣和热情。此外,一个地区独特的民族风情、风俗习惯、宗教文化等,也能推动消费者的研学旅行行为的形成。

3. 健康动机

健康动机主要是指为了促进消费者的身心健康,通过研学旅行缓解学生学习的紧张气氛与学习压力。在校期间,学生主要通过课堂上课的形式获取知识,授课形式比较单一,在课堂学习中容易产生紧张、疲劳等精神压力。研学旅行变换了学习环境,消除了校园学习的紧张,学生可以通过参与动手体验类的活动调节身心,消除疲劳,提升身心素质。

4. 实践拓展动机

实践拓展动机主要体现为开阔视野、陶冶情操、历练人格的动机。研学旅行对拓宽学生知识面、培养学生创新思维和创新能力具有重要意义[4]。学生群体拥有较强的好奇心和探索欲望,这种好奇心和探索欲望是天生的,属于较高层次的需要,这种需要可以通过徒步攀登、自然科普、军事体验、科技制造、历史溯源等研学主题活动得到满足,也可以通过研学旅行发现新目标,了解异地文化等来满足。

---

[1] 李东和,王丹丹,朱玲玲.学生群体对研学旅行的认知、满意度及行为意向关系研究——以合肥市部分中学为例[J].皖西学院学报,2016,32(5):103-110.

[2] 张娇娇.非传统动机对大学生研学旅游行为发生的催化作用——以三江学院学生为例[J].市场周刊,2019(8):2.

[3] G M S Dann.Anomie,Ego-Enhancement and Tourism[J].Annals of Tourism Research,1977,4(4):184-194.

[4] 董建英,任丽霞.基于主成分分析的中学生研学旅游需求动机研究——以太原市为例[J].经济问题,2016(7):119-124.

第三节 研学旅行消费者购买动机的影响因素

研学旅行消费者的购买动机是产生研学旅行行为的主观条件和内在驱动力,但研学旅行行为离不开客观条件的推动。即使消费者有了研学旅行的意向和需要,个人的身心条件符合研学旅行,选择的研学旅行目的地也符合学生的兴趣爱好和学段特点,通常还需要具备客观条件才能推动研学旅行购买动机的产生。在研学旅行市场中影响消费者购买动机的因素主要有以下八个。

一、研学旅行产品成本

研学旅行产品的成本是研学旅行产品定价的基础,应作为首要考虑因素。产品的价格是由其内部所包含的价值决定的,研学旅行机构、研学旅行基地(营地)的产品的价格同样决定于其价值,具体由购入产品的价值和机构、基地(营地)等研学旅行服务方服务的质与量决定。

研学旅行产品的成本包括固定成本和变动成本。固定成本是指在一定的时间和范围内,机构、基地(营地)等研学旅行服务方经营业务的增减对某些产品的成本没有影响,包括研学旅行服务方的房屋租金、房屋折旧费、员工固定工资、宣传促销费、通信费、其他设施固定资产折旧费等。变动成本是指随着研学旅行产品销售量的变化而变化的某些成本,包括研学导师费用、销售人员提成、交通费用、住宿费用、餐饮费用、门票费用、研学旅行工具费用、研学旅行手册费用等。变动成本在研学旅行产品价格构成中所占比重较大。

二、研学旅行企业经营发展战略

研学旅行企业经营发展战略主要有三种形式,即密集型发展战略、一体化发展战略和多样化发展战略。其中,对研学旅行产品定价影响最大的是密集型发展战略,因为研学旅行企业要想占有新的市场份额或者开拓新的目标市场,就必须调整或确立新的产品价格,以适应市场发展的需要。

三、研学旅行产品特点

不同研学旅行服务方提供的产品特色各有不同,对价格决策也会产生不同的影响。产品和服务的综合程度越高,包括的单项产品越多,市场营销人员对价格变动的控制能力也就越弱。对研学旅行目的地而言,旅行社产品的可替代性大,该产品的价格弹性就大,出现削价竞争的可能性也就很大。

四、研学旅行市场竞争情况

研学旅行市场竞争主要表现为同行价格竞争。所谓同行价格,是指研学旅行产品在同一市场范围内由其他研学旅行机构、研学旅行基地(营地)等所定的产品价格。之所以参考同行价格,一方面是教育部门和学校在组织学生研学旅行时会对同一类型的研学旅行产品进行对比,有习惯性价位;另一方面是可根据市场情况和企业市场发展战略,或高于或低于同行价,便于研学旅行服务方确定最后的具体价格。例如,研学旅行产品的独特性突出,研学旅行服务方在给研学旅行产品定价时,必须充分与其他企业的产品相比较,发现本产品存在的优势和劣势,以及本产品在市场上的需求和影响。

五、国家政策的影响

在全面落实立德树人根本任务、推进素质教育的今天,研学旅行作为"旅游+"的一种重要新兴业态,近年来得到了国家和政府诸多方面的政策支持。从2013年开始,不断有省(市)开展研学旅行的试点工作;2014年,国务院发文要求"支持研学旅行发展,把研学旅行纳入学生素质教育范畴";2016—2017年,国家旅游局及教育部先后推出一系列政策,给研学旅行提供了良好的发展平台。

六、社会环境的影响

越来越多的事实表明,研学旅行依托于社会资源与社会环境而存在,环境是研学旅行的一个重要载体,同时研学旅行对环境的影响也是非常广泛和深刻的。例如,2020年的新冠疫情给了旅游行业重重的一击,研学旅行市场的发展也出现了短暂的停滞。

七、安全因素的影响

随着研学旅行的迅速发展,安全问题的重要性越来越凸显,是影响研学旅行健康可持续发展的最重要的因素。2016年,教育部等11部门印发的《关于推进中小学生研学旅行的意见》中指出,研学旅行工作要坚持安全性原则。"研学旅行要坚持安全第一,建立安全保障机制,明确安全保障责任,落实安全保障措施,确保学生安全。""各地要制定科学有效的中小学生研学旅行安全保障方案,探索建立行之有效的安全责任落实、事故处理、责任界定及纠纷处理机制,实施分级备案制度,做到层层落实,责任到人。"

当消费者产生研学旅行的愿望,并且具备研学旅行所需的条件时,消费者须在众多的研学旅行产品中进行选择,如选择哪一个研学旅行目的地,怎么去,选择哪一家承办方,研学旅行出行有哪些安全隐患等。如果某个研学旅行目的地或者去往其途中可能会出现一些政治、经济、自然灾害等方面的重大安全问题,消费者往往会放弃这个研学旅行目的地,选择其他研学旅行目的地。

八、天气的影响

天气因素是不确定的,它会影响研学旅行消费者的选择,如果遇到一些极端恶劣天气,研学旅行的出行人数会大大降低,研学旅行的出行选择也会随之改变。

第四节　研学旅行消费者购买决策过程

在消费者行为的研究领域,信息处理的观点或者说理想决策的观点一直占据着主导地位。20世纪80年代,以Holbrook为代表的学者强调要对消费者情感进行研究,并认为在消费者行为的研究中要重视消费者的消费体验,考虑消费者的个人体验在做出购买决策的过程中的重要作用。他们认为消费者既是"思想者",也是"感觉者",比如,研学旅行消费者做出购买研学旅行产品的决策,不仅是为了体验研学旅行的育人功能,更是为了获得研学旅行所带来的某种感觉、知觉。① 研学旅行是一项实践性体验活动,研学旅行消费者在购买产品或服务的过程中,一般要经历如图4-2所示的五个步骤②。

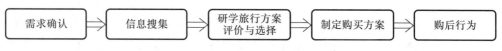

图4-2　消费者做出购买决策的过程

在这五个阶段中,需求确认基于消费者的情感驱动,信息搜集基于消费者情感的解决方案,研学旅行方案评价与选择基于消费者情感解决方案的比较,制定购买方案基于消费者的情感选择,购后行为基于消费者情感反应的评价。可以说,研学旅行消费者购买决策的每一个阶段都基于消费者的情感。

一、需求确认

需求确认来自研学旅行消费者所感受到的学习需要不满足,这种学习需要的不满足来自消费者理想状态与实际状态之间的差距。所谓理想状态是指消费者当前想达到或感受到的状态,而实际状态则是指消费者对他或她当前的感受及处境的认知。问题确认是消费者的理想状态与实际状态之间的差距达到一定程度并足以激发消费者做出购买决策的结果,如图4-3所示。

---

① 廖以臣.体验消费的购买决策过程及其影响因素研究[M].武汉:武汉大学出版社,2010.
② 王生辉,张京红.消费者行为分析与实务[M].北京:中国人民大学出版社,2016.

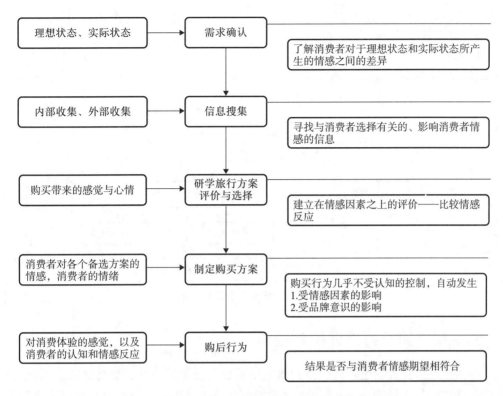

图4-3 消费者的购买决策过程模型及其影响因素模型

一般来说,购买研学旅行产品的决策过程是从消费者对某一需求的认识开始的。这种需求可能来自消费者的某种内在生理活动,也可能来自外界某种因素的刺激,或者是内外共同作用的结果。当消费者意识到自己有对研学旅行产品的需要时,如果出现能够满足其需要的研学旅行产品,便会产生具有特定指向性的购买动机。

二、信息搜集

研学旅行消费者的某些需要可以通过购买行为得到满足,这些所需的信息可以被研学旅行消费者通过以往的信息搜集方式掌握,但是还有一些需要无法根据以往的经验做出对象选择与判断,所以研学旅行消费者需要再搜集相关信息[1]。

研学旅行消费者获取信息的来源有很多,内部信息很大程度上来自以往购买某种研学旅行产品的经验与感受,外部信息主要有以下四种。

1. 商业来源

如广告、市场营销员、经销商、研学展览、包装物等。

2. 公共来源

如微信公众号、视频号、直播账号等,以及有关研学旅行产品的社论。

---

[1] 董倩,张荣娟.旅游市场营销实务[M].北京:北京理工大学出版社,2018.

3.个人来源

如家人、朋友、邻居、同事等。

4.经验来源

如试验性使用等。

研学旅行消费者的信息来源具体如图4-4所示。

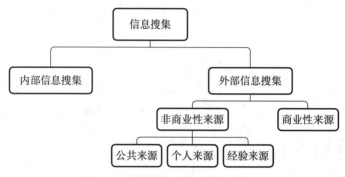

图4-4 研学旅行消费者的信息来源

三、研学旅行方案评价与选择

研学旅行消费者通过不同渠道搜集到所需要的研学旅行产品信息之后,一般会合理地对这些信息进行整理与系统化,对各类信息进行对比分析与评估。在评估的选择中,消费者主要会比较研学旅行产品的内容、品牌声誉与形象、价格、安全系数、学生的研学旅行收获、研学旅行服务后勤保障等。

四、制定购买方案

经过研学旅行方案评价和选择,消费者将形成对某一品牌的购买意向,也就是有了购买某一品牌的意愿和打算。但是,有了购买意向,并不表示消费者就一定会下定决心购买,或者说,消费者不一定会做出购买决策。有三类因素会影响消费者最终的购买决策,即他人的态度、意外的情况和可认知的风险[①]。

研学旅行消费者在购买研学旅行产品时可能会遇到的可认知的风险主要有以下几种类型。

(1)功能风险。

功能风险指的是研学旅行消费者所购买的产品或服务可能并不具备企业所宣传的功效,没有产生预想的效果。例如,在研学旅行过程中,学生参加某一科普研学实践活动后,发现其研学实践收获并没有研学旅行机构宣传得那么好。

(2)资金风险。

资金风险指的是研学旅行消费者为购买研学旅行产品花费了很多金钱,却不一定能够买到高质量的产品或享受到优质的服务,这也就是我们常说的"花冤枉钱"的

---

① 董倩,张荣娟.旅游市场营销实务[M].北京:北京理工大学出版社,2018.

情况。

(3) 安全风险。

安全风险指的是研学旅行消费者购买某一研学旅行产品预估可能会发生的安全问题。例如,在为期2天的研学实践过程中,学生在水面上开展拓展活动时,可能因为不规范的操作而掉入水中,或者在外住宿时,由于晚上私自外出而发生安全事故。

(4) 心理风险。

心理风险指的是研学旅行消费者在购买某一产品或服务之后,有可能会产生不满和失望的情绪。例如,研学旅行消费者于"五一"黄金周期间在热门景点开展研学实践活动,有可能由于人流太多而在乘车、食宿和游玩过程中不顺利,从而使研学旅行所带来的体验感大打折扣。

五、购后行为

研学旅行消费者购买了研学旅行产品之后,整个购买过程并没有结束,而是进入了购后阶段。在这一阶段,消费者将会消费产品,并在消费的过程中感知是否满意。另外,当研学旅行结束之后,研学旅行消费者还会继续开展研学实践成果评估、研学实践成果汇报、研学实践成果展示等,消费者还面临着是否会继续使用该产品的问题。

本章主要梳理了研学旅行市场客群分析的概念、客群分析的方法及购买者行为等内容。结合本章理论知识,可通过案例分析进一步了解研学旅行市场的客群特征,提升分析能力,为掌握研学旅行目标市场奠定基础。

课后训练

请以某一地区为例,利用问卷调研的方式开展研学旅行市场客群的定量分析,总结该地区研学旅行市场客群的需求。

第五章
研学旅行市场营销渠道及拓展策略

学习目标

1. 了解研学旅行产品与研学旅行市场的关系,以及拓展市场营销渠道的重要性。
2. 理解研学旅行产品在不同区域进行市场营销渠道拓展的方法。
3. 掌握研学旅行产品定价策略以及线上线下拓展市场营销渠道的策略。

知识框架

```
                                             ┌─ 研学旅行产品市场营销渠道概述
                    ┌─ 研学旅行产品与 ────────┤
                    │   市场营销渠道的关系     └─ 市场定位
                    │
                    │                         ┌─ 研学旅行产品开发策略
研学旅行市场 ───────┼─ 研学旅行产品开发与 ────┼─ 研学旅行市场营销渠道拓展策略
营销渠道及拓展策略  │   市场营销渠道拓展策略   └─ 市场营销渠道的多元化选择
                    │
                    │                         ┌─ 定价策略
                    └─ 研学旅行产品 ──────────┼─ 定价方法
                        定价与促销             └─ 促销策略
```

学习重点

1. 研学旅行产品与研学旅行市场的关系。
2. 研学旅行产品的定价策略,以及在不同区域拓展市场营销渠道的方法。

内容多样化驱动渠道多元化

随着研学旅行行业逐渐走向多元化发展，一个明显变化是研学旅行市场不再是过去那种以满足学校春秋游为主的商业模式，游中学、学中游的内容正在成为核心驱动力，无论是教育机构，还是研学旅行服务商，均投入资金建设强体验场景内容，以期吸引用户和分销渠道。

以沫若戏剧小镇为例。沫若戏剧小镇是四川省乐山市"乐游嘉学"品牌标准示范基地，巧妙借助郭沫若先生的文坛地位，构建其IP属性，并相继研发出"百家姓·百家训""小绘本·大戏剧""天上的街市"等系列精品课程，通过家风家训、戏剧文化、戏剧演出、历史文化等强体验场景内容深耕市场，有主题、有主线、有任务、有场景、可体验的优质课程吸引了众多中小学校、亲子研学旅行服务商和OTA进行分销，并被乐山市评定为中小学生研学实践教育基地，戏里戏外，多样化强体验的研学旅行内容受到家长和学生的青睐，成为川内研学渠道商分销和亲子研学的首选。

分析思考：

1. 浅谈你对研学课程与渠道商的认识。
2. 分享一个渠道商分销研学旅行产品的案例，说明其中最打动你的细节。

研学旅行是新兴行业，市场营销渠道还处于发展和完善之中。由于研学旅行属于体验类项目，想要通过网络找到完整的研学旅行市场渠道信息比较难，即使网上能找到碎片化信息，场景联想感也不强，相关研学旅行信息的传播大多靠家长的口口相传，经过调研发现，家长还是更愿意通过网络获取研学旅行信息，从而更全面、更主动地获取学生的行程信息和课程内容，但是现阶段研学旅行机构线上产品详情页设置比较简单，尚不能通过视频呈现的产品体验等场景描述让学生和家长切身体会研学旅行的真实感受。本章主要介绍研学旅行市场营销渠道的拓展，对线上、线下以及多元化的市场营销渠道进行阐述。

第一节 研学旅行产品与市场营销渠道的关系

一、研学旅行产品市场营销渠道概述

(一)研学旅行产品分销的概念

研学旅行产品分销泛指研学旅行服务商将研学旅行产品转移至最终消费者手中的途径。

(二)研学旅行产品市场营销渠道的概念

研学旅行产品市场营销渠道通常是指研发厂商的研学旅行产品向最终消费者转移过程中所经的中间环节,或研学旅行产品在销售渠道网点的数目和分布的数量。

(三)市场营销渠道建设的必要性

研学旅行服务商要想实现企业的良性发展,就需要增加产品销售数量和提高服务质量,而产品销量不能只依靠单一渠道进行销售,必须整合和拓展更多渠道加入产品分销队伍,才能实现产品供给与接待服务的良性循环。

(四)市场营销渠道的作用

(1)传播研学旅行机构品牌、产品和服务质量,通过市场对接进行市场调研,对同类型产品或竞争机构品牌的信息进行搜集。

(2)根据渠道反馈的产品信息研发和迭代研学旅行市场中较受消费者喜爱的研学旅行产品。

(3)为研学旅行服务商拓展客源,并和服务商共同维系客源,服务消费者。

二、市场定位

(一)市内市场定位

1. 研学旅行市场客群

根据中华人民共和国教育部实践教育的要求,市内研学旅行市场,小学注重乡土乡亲实践教育,初中注重县情市情实践教育,高中注重省情国情实践教育,对应要求研学旅行机构的课程(产品)也要形成体系。

2. 亲子研学市场客群

亲子研学市场和研学旅行市场存在差异,亲子研学市场客群年龄段主要集中在小学1—3年级,而这个年龄段的学生自理能力较差,需家长陪同。家长通常是"80后""90后",知识层次较高,比较重视亲子教育,对于亲子研学也有更高的要求,亲子游教育化催生了亲子研学市场。

3.课程和体系

研学旅行课程(产品)要体系化,以不同目的地、不同课程满足不同年龄段学生的需求。研学旅行课程应按照教育部的指导思想进行设计,与不同年龄段的教学评价挂钩,符合学校开展研学旅行的要求。

4.核心竞争力

按照K12体系,一个基地深度开发一个年龄段的课程(初三、高三不参加)。因此,学校需要选择10—20个基地作为校方研学旅行场所,同时要求每个基地定位清晰,专注不同年龄段(学年)的体验内容,并成为当地这个年龄段内容输出首选研学旅行目的地,从而在研学旅行目的地的广度和课程体验的深度上形成核心竞争力。

(二)省内市场定位

1.研学旅行市场客群

省内研学旅行市场客群主要集中在小学高年级,以及初中一、二年级。

2.课程和体系

理论上研学旅行以年级为单位,实际上以学校为单位的情况较多,因此一个研学旅行目的地开发涵盖多个年级的课程体系是研学旅行市场的主要需求。

3.核心竞争力

构建单点K12课程体系,形成核心竞争力。省内不同的城市研学旅行资源会存在差异,国家级、省级研学旅行基地依靠优势资源成为省内研学旅行的主要目的地;地市学校有到国家级、省级研学旅行基地开展研学旅行活动的需求,从学校团队管理的角度,地市学校希望在一个特色研学旅行基地内就能满足本校不同年龄段学生的研学旅行需求,因此单点研学旅行目的地按照K12体系建立自己的课程体系是非常有必要的,且课程体系要求全面。

(三)省外市场定位

1.研学旅行市场客群

跨省研学旅行市场客群主要是高中年龄段的学生,位于教学条件好的地区;初中年龄段也有大量的学校开展跨省研学旅行;发达地区甚至从小学五年级就开始组织跨省研学旅行,但是一般而言,跨省研学旅行将市场客群定位为初中生、高中生。

2.课程和体系

跨省研学旅行课程应强调当地特色。国内研学旅行目的地非常多,只有达到国家级水准的目的地,且具备当地特色的国家级实践教育课程才会吸引其他省份学生前往研学旅行,因跨省研学旅行费用较高,管理难度大,差异化、强场景和具有吸引力的内容就成为核心竞争要素。

3. 核心竞争力

构建主题化 K12 课程体系，核心首先是要有特色的资源，如云南新华研学通过为小学低年级的学生建设民族教室，组织云南少数民族同胞带着民族文化课程前往当地研学旅行基地（营地），为当地小学高年级学生开展民族文化实践教育活动；组织各地初中生、高中生到云南大山深处的民族村寨开展寻根文化研学旅行等。其次内容体验要丰富多元化，如安源区大有研学教育有限公司依靠中央党校的资源把德育做到纯粹和专业，通过建设校园红领巾国旗班，跟各地影院、场馆、研学旅行基地（营地）、少年宫等合作，开展"小红课"电影研学实践教育活动；组织选拔优秀的红领巾少先队员到安源红领巾基地开展"红领巾根文化"研学旅行，做到红色传承从娃娃抓起，深入生活、贴近课堂，德智体美劳五育并举。

市内一日研学旅行产品

序号	推荐劳动基地	推荐课程	课程特色	适合年龄段
1	呈贡一丘田尚行安全教育基地	安全自救	培养安全意识，提高自救能力，促进健康成长	1年级
2	斗南花市景区	小小拍卖师	深度体验创新荷兰降价式拍卖交易模式	2年级
3	呈贡高原种业小镇	我是小农夫	识稼穑、分五谷、爱劳动、强体魄	3年级
4	铁路博物馆	从马帮到高铁	了解云南特有的交通文化，体验进阶式游戏学习模式	4年级
5	昆明植物园	永生花制作	融入大自然，识别植物，增强动手能力，培养团队协作能力和领导能力	5年级
6	新华书店	按图索骥	学会整理书籍，激发对唐诗的兴趣	6年级
7	大小石林风景区	探索石林	通过地质地貌景观探究两亿七千万年前的海底世界	7年级
8	安宁龙须沟军事营地	红领巾长征路	重走长征路，传承长征精神，坚定理想信念	8年级
9	大巴维修基地	小小修理员	体验编程式的职业，感受工业设计	10年级
10	大平地彝族村寨	四大非遗	从文化到体验、从文字到服饰、从饮食到建筑，全方位走近撒尼人	11年级

省内多日主题研学旅行产品

序号	产品名称	课程特色	适合年龄段
1	昆明彝族文化5日研学	走进建筑文化与建造技术发展史上的"活化石"——彝族土掌房,学习彝族人民的智慧、太阳历和彝族非遗艺术等	4—6年级
2	西双版纳傣寨文化6日研学	走进动植物王国,探秘西双版纳傣寨文化	7—8年级
3	红河哈尼族文化7日研学	重走滇越茶马古道,探秘红河哈尼文化	10—11年级

针对省外客群的研学旅行产品

序号	产品名称	课程特色	适合年龄段
1	小学毕业季之西双版纳傣家雨林6日研学	走进中国版亚马孙看地球的原始风貌;拜访傣族乡村,体验民族风情,感受雨季之美	小学毕业生
2	初中毕业季之昆明红河6日研学	探访千年古城,探索云上梯田农耕文化,在太平湖森林小镇感知东方建筑美学	初中毕业生
3	高中毕业季之昆明大理丽江6日研学	植物王国大猎奇,听导师讲万物生长,走进丽江学习东巴文字和纳西音乐,搭建FUN星球,开启独一无二的奇妙之夜	高中毕业生

第二节 研学旅行产品开发与市场营销渠道拓展策略

一、研学旅行产品开发策略

研学旅行服务商在铺设研学旅行产品市场营销渠道时,首先要考虑产品差异化和内容深度化等因素,因此,针对不同的区域范围,产品的开发和市场营销渠道拓展策略也有所不同。

(一)市内产品开发策略

1. 市内产品(课程)

将K12课程与亲子研学旅行课程结合。亲子研学旅行课程作为家长直接购买的本地研学旅行课程的延伸产品,设计生动有趣的体验内容、良好的体验场景是产品的开发方向,从而逐步影响中小学和家长对研学旅行产品的选择。

2.春秋季研学旅行产品

传统春秋游是一个成熟的市场,若是将传统春秋游的内容和教育属性进行适当的提升,进而将其改造成研学旅行产品,价格比传统春秋游略高的春秋季研学旅行产品会大有市场。刚进入研学旅行领域的机构应该重点关注这个市场,整合传统目的地资源,开发出符合市场需求的产品,然后将其逐步完善升级为多目的地K12课程体系,通过这一核心产品来稳固市场占有率。

(二)省内产品开发策略

1.省内产品(课程)

省内产品(课程)应注重多元化与拓宽广度。一个研学旅行机构往往难以满足学校的所有需求,因此应侧重于盘点市场上的优秀课程,通过研学协会或自身团队的努力,搭建一个多元课程体系,从而满足学校的需求。需要注意的是,产品多元化建设的重点是课程整合。

2.产品专业化

由于研学旅行机构的自身特性,即研学旅行机构既是组织单位,又是接待单位,因此,具备优质课程开发能力和大型活动接待能力的研学旅行机构更容易得到学校的认可。产品研发团队应深度调研省内不同类型资源的特点,依据教学内容,有针对性地设计课程,从而与学校教学内容形成互补和强化关系,进而形成课程体系。

(三)省外产品开发策略

1.省外产品(课程)

省外研学旅行产品客单价和利润较高,是各大研学旅行机构竞争最激烈的市场,不仅在当地竞争激烈,还有跨省竞争。学校在选择目的地的研学旅行机构时特别注重其课程特色、接待专业、性价比等综合因素,因此,没有特色的跨省研学旅行产品很难有市场。

2.产品要有竞争视角

我国研学旅行发展起步差异很大,有些目的地起步较早,有些目的地缺乏系统的规范。因此,在开发产品(课程)时需要有全国性的竞争视角,以喀斯特类课程为例,具备国家级资源的目的地有重庆、贵州、湖南、广西、云南等,研学旅行机构要想找到核心资源点,做到全国知名,需要做充分的准备。

3.省外亲子研学旅行产品是新市场

亲子游市场产品单价较高,利润也较高,因而成为很多专业教育机构、亲子机构、研学旅行服务商和旅行社争夺的重点。亲子研学旅行市场客群属于中高端客群,对研学旅行的要求远远高于学校对研学旅行的要求,故亲子研学旅行产品的专业性更高,品牌、明星导师和体验内容成为产品必不可少的要素,传统的优质服务变成了基础配置。因此,若是没有核心资源,不要轻易进入省外亲子研学旅行市场。

行业案例

云南新华研学特色课程设计案例

云南新华研学在设计课程时，选择"民族文化"作为自身特色课程的设计方向。

首先，云南约有25个少数民族，其中约15个少数民族为云南特有的民族，云南所具备的这些人文条件是排在全国前列的。

其次，作为旅游目的地大省，云南风景秀丽，但对作为高端研学旅行的重要载体的民族文化开发得并不充分，有很大的提升空间。

最后，从自身来看，云南新华研学专家团队包含从事"民族文化"旅游10余年的实操专家。

综合上述因素，云南新华研学从历史、饮食、建筑、服饰、节庆、婚俗、语言文字、艺术八个方面进行了深度梳理和挖掘，建立了科学化和系统化的课程体系，并从三个不同的纬度进行细分：一是校本课程设计，即建设民族文化教室，设计6个学期48个课时的民族文化课程，编写相关教材，组织教师培训，让民族文化走进校园。二是利用基地开展实践教育，即组织中小学生群体，到研学旅行基地（营地）开展实践体验课，体验多元化的民族艺术课程。三是以目的地根文化研学旅行为主，先后开发了傣寨文化、彝族文化、哈尼族文化等多个深入民族村寨的根文化研学旅行课程，与国内其他民族学校交流互动，深受师生欢迎。

二、研学旅行市场营销渠道拓展策略

（一）市内市场营销渠道建设

1. 市内市场营销竞争

品牌是重要的载体，其知名度、美誉度尤为重要。学校市场是一个"红海市场"，竞争激烈，其教育属性导致更换供应商成本较高。因此直接与学校建立良好关系，通过优质课程（产品）及安全服务保障稳固合作关系极其重要。

2. 把教体机关建设为市场营销渠道

研学旅行企业通过具有核心竞争力的多目的地K12课程体系，与教体机关达成合作，由教体局对辖区中小学进行推广，这是区域研学旅行市场营销渠道拓展的最佳方式。

3. 把基地建设为市场营销渠道

研学旅行企业与研学旅行基地（营地）进行深度合作，共建单目的地K12课程体系，共同运营，然后向市内教体机关推介课程，争取进入教体机关研学旅行基地名录，获取优先选择的优势。因此，选择有特色的研学旅行基地开发优质课程是建立基地市场营销渠道的方向。

知识活页

(二)省内市场营销渠道建设

1. 自建渠道

很多大型研学旅行机构都在所在省内的各个地市开设了分支机构,通过统一课程和规范执行来赢取市场。

2. 中小学研学旅行机构联盟

研学旅行机构既有组织团队属性又有接待团队属性,但要想在全省铺开,难度就比较大,运营成本也相对较高。因此,区域拥有核心竞争力的中小学研学旅行机构联盟应运而生,此类联盟便是各个省、市研学旅行协会。优质的联盟会建立一个能够立足全省的课程体系,然后让成员单位承接不同领域的课程,在协会的统一调控、组织管理下,形成一种良好的互补关系,共享市场,从而构建互为优势渠道的关系。

(三)省外市场营销渠道建设

1. 以展会、同业考察带动市场营销

线下举办展会,投入一定的成本用于展务宣传,由此产生的影响力也较大。投放广告是研学旅行机构的重要宣传方式,主要包括宣传册、平面广告、信息流广告、网络广告以及自媒体营销。

2. 研学旅行行业研讨会

研学旅行行业研讨会可以扩大研学旅行企业在研学旅行行业的影响力,并且向与会的目标消费者进行宣传推荐。需要注意的是,应合理把握活动推荐的内容和形式。

3. 研学旅行省(市)协会联席会议平台

研学旅行省(市)协会联席会议的成员单位大多为各省(市)研学旅行协会,各省(市)研学旅行协会的成员单位大多为当地的研学旅行企业。通过研学旅行省(市)协会联席会议平台,给予参与的研学旅行企业极大的政策、渠道方面的支持,这是重要的优质市场营销渠道。此外,协会代表了行业,在一定程度上对行业规范产生深远影响。

三、市场营销渠道的多元化选择

应整合多元化市场营销渠道,对不同圈层的消费者进行有针对性的宣传,从而树立良好的研学旅行品牌形象,营造良好的研学旅行场景。

学校或同业聚焦在B端,亲子研学旅行市场营销为C端,应以C端市场为目标市场,开展线上市场营销,借助OTA渠道为研学旅行企业提供客源,特别是当地市场客源。此外,OTA渠道也在深耕当地生活服务场景,为当地研学旅行产品的线上预定提供便利。

(一)C端市场营销渠道

1. 直播营销

直播营销是指通过研学旅行产品推介节目,以直播平台为载体,促成研学旅行企业获得品牌的提升和销售的转化。虽然直播营销的流量转化和变现相对缓慢,但是较为适用于IP类亲子研学产品。

2.短视频营销

短视频营销是内容营销的一种,是指借助短视频向目标用户传播有价值的内容,吸引用户了解研学旅行企业品牌、产品和服务,最终促成交易。短视频营销最重要的是找到目标用户和创造有价值的内容。在具备优质的目的地和内容的基础上,要想借助市内C端市场的沉淀,将产品和服务推向全国市场,短视频营销是性价比非常高的市场营销方式。

3.社群营销

社群营销是在网络社区营销及社会化媒体营销基础上发展起来的用户连接及交流更为紧密的网络营销方式。社群营销方式主要通过连接、沟通等方式实现用户价值,营销方式人性化,不仅受用户欢迎,还可持续传播,微信群营销是此类营销的代表,适用于市内亲子研学C端市场营销。

4.搭建新媒体矩阵

搭建新媒体矩阵是指建立属于自己的网络宣传阵地,展示基地服务标准、特色课程、体验场景、师资力量、课程评价等,便于消费者快速获取研学旅行相关信息,以及与消费者建立信任关系。

(二)B端市场营销渠道

1.院校拜访、竞标

B端市场营销渠道之一是进行院校拜访、参与竞标。竞标文件包括企业资质、简介、课程体系、师资团队、竞标产品、预案、标准及报价、安全体系、评价体系等。

2.与当地教体机构合作

研学旅行企业可以通过与当地教体机构合作,快速建立客源流量优势。前提是研学旅行企业具备成熟的课程体系,或者有直接运营管理的研学旅行基地。

3.与研学旅行服务商合作

研学旅行机构可以与优秀的研学旅行服务商合作,互相赋能。目前,研学旅行市场有很多优秀的研学旅行服务商,如天立教育、中凯旅行社等,研学旅行机构可以选择价值观相近,产品课程、市场互补的研学旅行服务商,进行强强联合,共享产品(课程)、市场营销渠道、共性品牌,便于快速积累客户。

(三)其他渠道

1.研学旅行行业协会

积极参与研学旅行行业协会工作,是开展省内研学旅行市场营销的重要方式。特别是通过专业的教育交流会、综合的行业大会,吸引研学旅行相关的教育主管部门、学校校长和教师、研学旅行机构人员参加,并以优质的内容为基础,配合行业协会的整体宣传营销,展示企业的核心竞争力,从而得到相关学校、机构的认可,进而实现市场营销目的。

云南某家旅行社就与云南省旅行社协会研学旅行委员会合作,积极参与协会目的地资源库、课题库、人才库的建设,不定期在全省地市开展基地挂牌、实践课程发布推荐、研学指导师培训班等活动,与各地市的研学旅行机构形成了良好的互补与互动,互相输送生源,从而达到市场营销目的。

2. 传统媒介及公共关系

利用传统媒介及公共关系是指通过品牌塑造,来扩大市场空间,如参加电视节目、拍摄纪录片和宣传片、出版著作、打造系列宣传广告等方式,使静态的研学旅行资源活起来,从而促进研学旅行品牌在各个圈层群体间的传播,产生更大范围、更高层次的品牌传播影响,同时积极打造研学旅行进校园的宣传活动,争取学校、家长及学生群体的价值认可。

第三节 研学旅行产品定价与促销

一、定价策略

1. 竞争市场价格策略

成熟的市场,规模大、竞争激烈,研学旅行服务机构的运营成本也相对较高,价格策略为竞争导向定价,最终情况就是一般企业的成本定价。在竞争导向定价的环境下,小型研学旅行机构会出现成本控制不到位,因亏损而退出市场;中型研学旅行机构会成为子市场的主导者;大型研学旅行机构充分发挥规模采购优势,也会在市场上占据一席之地。

2. "蓝海市场"价格策略

同质化研学旅行产品竞争激烈,这就需要寻找一个"蓝海市场",研发子市场新产品。在这种情况下,价格策略就会选择客户需求定价法,优势是因产品差异化体现较为明显,定价可以虚高,在保证利润最大化的同时能快速回收研发成本,弊端是产品畅销会吸引众多竞争对手加入,在快速收回产品研发成本后,调整价格策略为"成本+合理利润",从而把竞争对手挤出市场,形成一个长期稳定的子市场。

二、定价方法

1. 成本定价法

成本定价法即"成本+合理利润"定价方式,研学旅行产品的成本包括研学旅行基地费、课程费用、人员费用(如研学导师、安全员、生活老师等的费用)、餐费、车费、保险费、物料费等,如果是多日研学旅行,还包括住宿费用。另外,还需要考虑相关的政策成本,如每个班级2位老师的外勤费用,有的学校还要求减免一个家委的费用等,各个地区的研学旅行支持经费是有差异的,在制定计划时,还需调查清楚,对计划成本进行适度调整。

2.产品驱动定价法

任何忽略消费者需求和竞争对手产品价格的定价方法均无法制定出好的价格计划,应核算产品的生产成本,设定包括成本和目标利润的价格,销售部门要使消费者相信以该价格去购买该产品会得到超值的服务。

3.竞争导向定价法

竞争导向定价法是以占据市场为目的,可能出现亏损的定价方法。研学旅行的产业链较长,投入较大,需要达到一定的规模才能产生效益。在很多城市,一个区县由一家研学旅行机构垄断已经是一种常态,参考教体机构的指导价格,使用成本定价法,可以保证合理的利润(遵循公益性原则,一般为10%),通过提高效率,加强成本控制以提升利润空间。

三、促销策略

(一)当地促销

1.定期开展大型周末研学旅行活动

定期开展大型周末研学旅行活动,在活动期间组织中小学学校领导、校外活动负责人考察研学旅行基地,展示基地的优质服务和特色课程,借机用成本定价法导入中小学研学旅行市场客群。

2.主办行业会议

主办或组织教育主管部门、行业协会、业内机构到研学旅行目的地召开行业会议,会议期间发布系列优惠政策、研学旅行产品上新促销活动等,对销量提升会起到事半功倍的作用。

3.亲子研学旅行促销

在研学旅行过程中,设立奖项,赠送体验名额和象征性收费的体验券,通过有吸引力的课程内容,把家长和学生吸引过去,将其转化为周末亲子研学旅行市场客群,实现市场营销目标。

(二)省内促销

1.专业研学旅行大会促销

省市研学旅行协会搜集和整理区域内的研学旅行基地(营地)、课程,不定期在不同地点举办行业会议,在会场设立展台,将研学旅行企业运营的研学旅行基地、课程融入其中,现场可以采用预售的形式进行促销,实现良好的营销效果。

2.专业宣传平台促销

挑选精品课程、优质目的地进入各省市研学旅行协会的资源库、课程库,在官方发布平台进行展示,同时通过预售、买赠形式展开营销,也是一个良好的促销方式。

（三）省外促销

1. 微营地共建

可以邀约渠道参与微营地共建,使微营地变成多方共持基地,内容生产将多元化发展,还可以导入渠道自带的稳定流量,从而实现长期稳定的市场营销目标。

2. 线上促销

搭建线上研学旅行产品预订平台,如携程、同程等OTA平台;抖音企业号、目标消费者所在省份的生活平台等,采用更灵活的出行体验的方式,不定期进行低利润预售和团购,增加研学旅行产品省外的市场的曝光度,在海量消费者中渗透和转化。

> **本章小结** 通过对研学旅行产品与市场营销渠道关系的梳理和学习,进一步深入了解市内、省内和省外研学旅行市场营销渠道的特点、产品策略、定价策略及市场营销渠道拓展方法,为后面章节的学习,奠定良好的理论基础。

课后训练

1. 分析市内、省内和省外研学旅行市场营销渠道拓展方法的异同点。
2. 正文中所列举的课程(产品)中,你认为哪个更能迎合消费者需求,为什么?
3. B端市场和C端市场,哪个更能起到规模化引流的作用?
4. 总结研学旅行产品设计策略,并分享相关设计案例、定价策略和线上促销方式。
5. 为省内研学旅行大会策划有关研学旅行基地和研学旅行课程的现场展台展示内容。

第六章
研学旅行市场品牌打造及品牌构建策略

学习目标

1. 掌握研学旅行品牌的基本内涵。
2. 了解研学旅行品牌的特性及提炼方法。
3. 掌握研学旅行品牌的构建路径。
4. 掌握研学旅行品牌的受众消费周期导入。
5. 掌握研学旅行产品的品牌策略。

知识框架

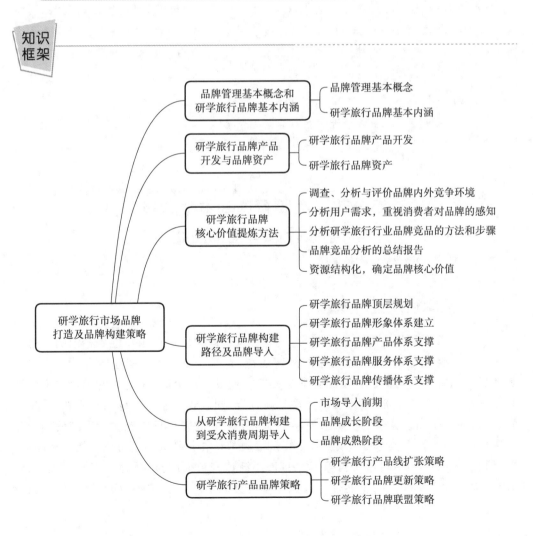

1. 了解研学旅行品牌的提炼方法及竞品分析步骤。
2. 掌握研学旅行品牌的构建路径及受众消费周期导入。
3. 掌握研学旅行产品的品牌策略。

"少年那达慕"是传统的运动竞技,展现了草原文化和蒙古族精神。"少年那达慕"在传统那达慕所倡导的民族精神基础上,形成了四大基本品牌内涵:第一,崇尚自然、尊重自然;第二,重视家庭、担当责任;第三,开放包容、重视友情;第四,自信勇敢、崇尚英雄。

"少年那达慕"以儿童心智成长为核心,从"勇敢担当""拓展格局""孝亲友爱""博学求知"等方面设计研学体验活动,传承、弘扬草原文化理念,助力青少年健康快乐成长,并利于构建和谐的家庭互动关系,成为内蒙古文化研学知名品牌。

分析思考:
1."少年那达慕"是否属于研学旅行市场品牌?
2.研学旅行品牌在教育层面需要考量哪些方面?

第一节　品牌管理基本概念和研学旅行品牌基本内涵

一、品牌管理基本概念

可口可乐公司前总裁道格拉斯·达夫特曾说:"即使可口可乐在世界各地的厂房都被一把大火烧光了,只要可口可乐的品牌还在,它就会在一夜之间让所有的厂房在废墟上拔地而起。"这句话强调了品牌就是支撑企业发展的灵魂,是企业的无价之宝。特别是进入新技术革命阶段后,技术更迭日新月异,同质化产品竞争越来越激烈,要想脱颖而出,品牌是商业竞争的关键。研学的非标、安全、教育属性以及决策者与使用者分离等,导致研学教育企业在C端获客上面临着挑战。在具体策略上可以以相似产品(如亲子科普游、游学、主题素质营等)为切口,逐渐让家长提高对"教育+旅游"产品的认知,从而提高流量转化的可能性。以循序渐进方式引导家长购买,从而形成研学旅行品牌效应,这是非常重要的。

关于品牌的界定有很多说法。营销学家菲利普·科特勒认为:"品牌是一种名称、术语、标记、符号或设计,或是将它们组合运用,借以辨认某个销售者或某类销售者的产品或服务,并使之同竞争对手的产品和服务区别开来。"而从中国文化的角度来理解"品牌"也非常出彩,通过解构文字来剖析"品牌"的内涵联想,"品"意味着"品质",有使用功能+"品味"的情感元素+"品格"(受尊重),"牌"意味着"标志""口碑"等,所以在汉语中,"品牌"内涵更丰富一些。从学术与实践演变来看,对"什么是品牌"的认知也在不断地迭代,品牌认知的第一次迭代是从标记到符号象征,第二次迭代是从商标到承诺,第三次迭代是从促销工具到战略资产。随着"数字化"和"智能化"品牌新时代开启,品牌还需要构建新型的虚拟营销场景并在其中打造品牌专属的虚拟人物形象,与用户进行更加紧密的互动。

二、研学旅行品牌基本内涵

从研学旅行实践来看,研学旅行品牌核心内涵就是卓越的产品品质加上亲密的用户黏性,品牌是从产品的功能形态衍生而来,因此需要关注资源本身内涵的提炼,而随着用户需求的不断升级,还需要关注到市场的需求导向。产品要不断升级匹配,不然就有可能出现产品跟不上用户需求的情况,所以品牌应随着文化内涵的发展而发展,逐步形成品牌IP。品牌IP通过IP人格化实现IP整体形象塑造,更容易通过营销多样化实现IP的可持续商业转化效益。也就是说,研学旅行品牌IP化可能会成为研学企业或研学旅行目的地在众多领域综合蓬勃发展的通行证。而对于研学旅行目的地所在的城市而言,研学旅行品牌更要诠释该城市的文化特色,彰显该城市研学旅行品牌独特的个性与魅力。以当地特色为核心,也利于积极推动跨区域的合作和资源互补,形成布局合理、互联互通的区域研学旅行品牌联盟,从而更好促进研学旅行目的地所在城市的品牌发展。

第二节 研学旅行品牌产品开发与品牌资产

所谓品牌,并不是一个比产品更高的层面,品牌在某种意义上是产品体系的集合,同时产品体系是主题分类化的一个过程,它使得体验者能在特定的细分市场中快速形成心智认知,并不断拓展细分市场以外的核心价值,从而使产品更具有相对的竞争优势。一个产品的本质就是购买理由,做产品开发设计首先应策划购买理由,从而使产品更具有相对的竞争优势,便于扩大销售。

一、研学旅行品牌产品开发

每一个研学旅行产品所形成的体系化的集合,会反过来支撑研学旅行产品品牌,使得消费者快速形成心智认知,以及不断拓展其在细分市场以外的核心价值,放大产品品牌。如敦煌研究院文化弘扬部依托莫高窟文化遗产地和敦煌研究院学术资源,从历史、宗教、考古、美术、保护、文献、音乐、舞蹈等各领域的不同产品体验视角出发解读敦煌,先后形成以文物与环境保护、敦煌文化传承、手工创意为主题的研学旅行产品,如壁画修复现场——走近守护莫高窟的壁画修复师;"念念敦煌"——从壁画里走出来的古代人物;"霓裳佛国·摇曳唐风"——与敦煌文化弘扬使者共享敦煌故事;"莫高梦·泥坯典藏"——现代科技与古老艺术的完美结合;"遇见敦煌色彩"——敦煌壁画矿物颜料制作。在形成体系化的产品后,特邀敦煌研究院各领域专家和知名学者共同组成莫高学堂导师团,推出"莫高学堂"研学旅行品牌。知识丰富、多学科交叉、专业性强的研学旅行产品,起初是通过"敦煌研究院文化弘扬部"公众号中每月一期的招募推文进行发布,因良好的课程口碑,从最初每月仅有十几人报名,到现在期期满员,而这一过程仅用了一年时间。"莫高学堂"的品牌价值被广泛认可。此外"莫高学堂"以"认知、体验、创意、传承"为教学理念,分别开办了成人班与青少年班,青少年班逐步形成"小小莫高人"的IP品牌,将研学旅行品牌战略与产品开发融为一体,其受众不仅仅局限在国内,国际班的创办进一步促进了敦煌文化的品牌弘扬与跨文化交流。

二、研学旅行品牌资产

品牌资产来源于顾客的心智,这也是品牌系统性建设的最终目的所在,进一步反映在产品市场的品牌绩效和财务市场的资产评估等方面。一般而言,品牌资产价值的高低是衡量品牌优劣的标准之一。品牌资产价值具体体现在企业资产——有形资产和无形资产的增值上。

所谓有形资产就是能实打实给企业带来财务上的贡献的,能让消费者为品牌支付更多的资产,其中多支出的那部分即品牌溢价。一般而言,品牌资产是企业重要的无形资产,着眼于消费者的角度,以消费者对品牌的忠诚度、品牌感知度、品牌认知度、品牌联想等作为其量化的描述。品牌资产也是需要企业不断进行营销投入和品牌建设的,如通过不断构建品牌技术的支撑、打造品牌创新服务体系、形成产品的创新体验等不断提升消费者对品牌的忠诚度、美誉度,从而更好地体现品牌资产的价值。

在时代发展不断向数字化转型的今天,消费者与品牌的关系是通过互联网数字化的形式呈现出来的,数字化品牌资产在在线数字营销的驱动下形成。通过构建品牌的社群认同感和组织品牌在线互动,逐步产生积极的数字化品牌资产,如小米就是依靠社群营销强化品牌与消费者的互动关系,进而扩大品牌的影响范围。再如一大批年轻网红品牌"喜茶""元气森林""三只松鼠"等,这些品牌依靠数字化的营销策略使其获得独特的竞争优势,在短时间内建立了丰富的数字化品牌资产。同样,研学旅行也在不断走向数字化发展,如数字化研学教具包、研学网站、研学视听课程包等,研学旅行数字化品牌资产不仅在提高品牌的忠诚度,而且在培育有效的活跃流量,通过线上多触点与用户联动,基于需求信息反向定制,不断打造差异化竞争优势,实现经营链条上各节点的优化提升。

5

第三节　研学旅行品牌核心价值提炼方法

品牌核心价值提炼的问题,本质是品牌定位和品牌个性塑造的问题。显而易见,品牌核心价值是品牌独一无二、最有价值的部分。品牌核心价值是品牌定位的核心基础,品牌个性是品牌价值的集中表现。品牌定位、品牌个性塑造必须依据品牌核心价值来确定,三者之间统一且连贯,因此品牌核心价值的提炼就显得尤为重要了。目前,国内外品牌核心价值提炼方法仍处于深化发展阶段,编者根据自身实践经验,将品牌核心价值提炼方法总结为四个方面,如图6-1所示。

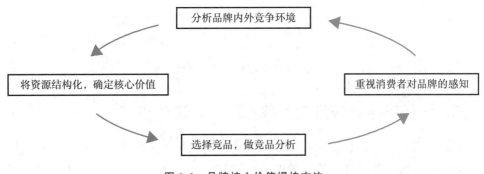

图6-1　品牌核心价值提炼方法

一、调查、分析与评价品牌内外竞争环境

应在调查、分析与评价原有品牌需要改变的原因的基础上,从市场空间、竞争对手、消费者需求和企业本身实力等方面分析企业目前所面临的市场环境;从内部到外部,重视消费者对品牌的认知和评价。较常用的分析竞争对手的方法如SWOT分析和五力分析模型等。

二、分析用户需求,重视消费者对品牌的感知

消费者对品牌文化的接受和理解是一种与品牌互动的关系,在这种互动关系中,消费者会不断深化对品牌文化的理解和认同,产生积极的品牌态度和情感,也可能受到负面的评价和理解的干扰。在大数据时代背景下,对于研学企业而言,通过对目标消费者需求标签的洞察,能搜集大量消费者的意见和创意,从而为品牌提炼提供更多意见与侧重点,共同打造品牌用户。这样品牌定位就能够适应消费者的需求,投其所好,进而激发消费者对品牌的积极反应和购买意愿,如图6-2所示。

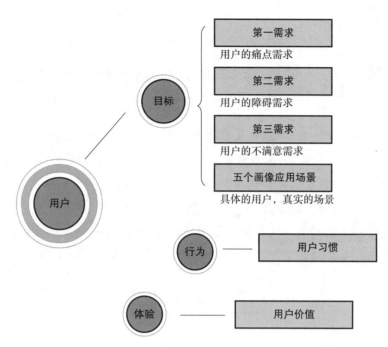

图 6-2　互联网视角下用户需求标签

三、分析研学旅行行业品牌竞品的方法和步骤

品牌在研学者心中处于什么位置？研学企业能不能体现自身优势？如何借助品牌竞品的知名度来实现自己的品牌定位？要想解决这些问题就需要掌握分析研学旅行行业品牌竞品的方法和步骤。

（一）识别潜在的品牌竞品

品牌竞品是指产品形式和目标客群相同，品牌不同的竞争对手。选择品牌竞品的原则表现为以下几个方面：一是依据市场份额的大小，一般选择市场份额居于前三的品牌竞品；二是依据用户的反馈，了解品牌竞品的优劣；三是依据公司背景，一般大公司更便于整合资源，可迅速做大，特别是实行"双减"政策后，大型教培集团的企业迅速进入研学教育赛道。

（二）确定分析品牌竞品的维度

1. 地域竞争分析

地域竞争分析是指了解品牌竞品的情况，对比优势、劣势，确定自己的定位，制定匹配的营销策略。

2. 产品视角分析

产品视角分析主要从研学旅行核心产品、产品线、产品价格等着手。

3. 消费者分析

消费者分析包括目标客户分析、潜在客户分析，以及对市场的规模和本企业在市场中的地位的具体分析。

4.销售状况分析

销售状况分析是指分析企业经营成本、营销盈亏平衡点、投入产品等经济指标要素。

四、品牌竞品分析的总结报告

品牌竞品分析的总结报告应围绕品牌竞品分析的目标去写,这样的总结报告才有价值,撰写总结报告的步骤如图6-3所示。

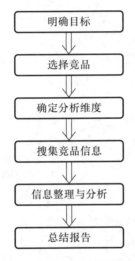

图6-3 撰写总结报告的步骤

五、资源结构化,确定品牌核心价值

研学旅行是旅游与教育的融合发展,也就是要实现旅游与教育的同频共振。研学旅行产品超越了教材、课堂和学校的局限,在行走的天地间,在多彩的生活世界里,承载着丰富的内涵。品牌是一个复杂的系统,对研学旅行品牌进行提炼,就必须考虑资源的特色性,同时要优先考虑资源体现的教育属性,寻找支持研学实践场景的契合点,资源要与实践目标相吻合。因此,需要将资源结构化,提炼各个资源因子,使其与研学实践场景相吻合,形成差异化品牌价值,进而将特色化的资源结构与实践目标组合起来。此外,在对资源进行结构化时还要考虑消费者的需求匹配情况,特别是研学旅行资源要与中小学生的身心发展特点相对接,针对不同的年龄段,在进行资源转化时要体现出年龄的进阶性。特别是亲子游与研学的融合,还应把握提炼品牌的广度与深度。因此,应最大化挖掘体验场景,让消费者获得好的服务体验,好的资源和体验场景既是品牌价值的"护城河",也是品牌价值的核心价值点。

青少年文博研学旅行品牌——"做一天考古学家"

古蜀文明探索基地距离三星堆博物馆6千米,是可以触摸和体验的"三星堆"。该基地的创始团队有感于目前文博研学旅行种类和形式比较单一,活动大多通过教师讲解、学生阅读宣传资料等方式展开,学生参与感低,难以持续吸引学生的注意力。如果能利用博物馆的展品制作教具,设计出游戏或比赛环节,可以非常好地激发学生的兴趣,调动学生的学习热情。因此,该基地一比一复制了三星堆文物,同时还参考了考古发掘报告复原的2号祭祀坑遗址,设计了考古课程——三星堆遗址模拟发掘、古蜀工匠——范铸法制作青铜头像、古蜀工匠——古法制作玉器、三星堆之声——青铜编铃演奏等系列课程,以"做一天考古学家"为项目场景,真实还原考古现场,学生在这里学习专业的考古知识,亲身体验考古过程,深度解读考古文物,体验做一天小小考古学家。在此过程中,古蜀文明探索基地逐步形成"做一天考古学家"青少年文博研学旅行品牌。

分析思考:

1. 请大家思考一下,"做一天考古学家"项目设计了哪些体验场景?你还有什么更好的建议?请认真阅读案例并分享感想。

2. "做一天考古学家"项目拥有三星堆的背书,请大家思考一下,还有哪些研学旅行品牌利用核心资源来为品牌背书?若没有核心资源,该如何做?

第四节 研学旅行品牌构建路径及品牌导入

一、研学旅行品牌顶层规划

品牌系统性建设的路径是指在目的地或企业整体发展战略指引下,建立起以市场要素为导向的品牌规划体系,以"资源内核+市场需求"为双重评价标准。其本质是导入以优化体验为核心的品牌营销周期的体系,构建消费者对品牌忠诚度的过程。"如何做好品牌顶层规划"已成为目的地与企业主要的发展瓶颈。研学旅行是"旅游+教育+文化"的融合发展,也就是要实现教育与旅游、文化同频共振。研学旅行产品超越了教材、课堂和学校的局限,在行走的天地间,在多彩的生活世界里,承载着丰富的内涵。对研学旅行品牌进行提炼,必须要考虑课程资源的特色性,以研学旅行的视角进行品牌识别,为品牌的建设与发展确立目标、路径、步骤及执行措施,最终建立起优势品牌,获得市场竞争力与持续发展力。从市场实操的角度来看,要遵循以下六个原则。

(一)目标性原则

品牌顶层规划得有目标,我们需要按照结果导向的方法来进行企业或目的地的品牌顶层规划,先设定清晰、明确的目标,再倒推如何来实施,主要从执行层面和策略层面入手,同时考虑发展的现状。

(二)长期性原则

品牌顶层规划要体现品牌生命周期的理念,无论是从消费者还是品牌的角度,在不同的时期要采取具有差异性的策略。目前市场上的研学旅行产品还存在一定的问题,如有的学者提出研学旅行产品类型不丰富、人群针对性不强等问题;有的学者认为部分研学旅行产品不符合细分市场的需求,而且市场上的研学旅行产品存在鱼目混珠、制度体系不完善等问题。因此,在短期内,应明确品牌的发展目标;从长远来看,应对品牌进行多元化的传播,提高品牌的知名度。此外,在一定时期内,还要及时调整品牌的新产品的迭代优化。符合该原则的规划对于研学旅行产品的发展才具有价值和现实性。

(三)定位连续性原则

品牌的价值定位、市场定位不能朝令夕改,品牌定位以产品定位和市场定位为基础。有了品牌定位,市场定位才会更容易执行,只有站在市场需求的角度为品牌精准定位提供决策,才能使用户对品牌形成心智认知。

(四)执行规范性原则

品牌的顶层规划有着系列的品牌标准,应保证将品牌系统性地导入,如在品牌形象、品牌传播、产品设计等方面的应用上,要严格遵循品牌系统执行的规范标准。

(五)系统性原则

品牌的系统建设工作是庞大的,如品牌内容的建设需要有明确的受众和传播调性,而不是进行临时的、即时的安排,应遵循体系化的标准,制定明确的流程和评估的目标,以及审视品牌输出是否符合对品牌定位的战略指导。

(六)广泛性原则

一个好的品牌顶层规划,除了系统性的路径建设之外,一定还具有广泛参与性,即通过各种激励手段,听取贯穿于整个品牌系统性建设中的各方意见,发动线上线下头脑风暴,让全员有参与感,从而更愿意投入品牌顶层规划的系统性建设中。

"乐游嘉学"研学旅行品牌标准建设及品牌导入

乐山市研学旅行已成功塑造了一个研学旅行品牌——"乐游嘉学",并完善了品牌名称、品牌 logo、品牌 IP 形象及品牌文创产品等,但是该品牌还缺少一套自己的体系标准,更缺乏品牌的系统性导入。乐山市文化广播电视和旅游局按照研学旅行实践基地设施与服务规范、研学旅行产品设计规范,结合乐山研学旅行资源实际、未来发展要求以及国际研学相关标准,制定了乐山"乐游嘉学"研学旅行品牌系列标准,从而指导"乐游嘉学"研学旅行品牌的创建和推广工作;根据《乐山市中小学生"乐游嘉学"研学旅行实践工作的实施方案》,在乐山市全面推行"乐游嘉学"研学旅行品牌等级评定工作,规范研学旅行基地、课程、导师、安全管理评定程序,促进乐山市研学旅行高质量发展。在完善了"乐游嘉学"研学旅行品牌标准建设工作之后,乐山市文化广播电视和旅游局还进一步优化了品牌推广策略、品牌故事、品牌传播等内容,扩大了"乐游嘉学"研学旅行品牌的影响范围,力争让"乐游嘉学"带着乐山市全域最优质、最有特色、最快乐美好的研学旅行产品走出四川、走出中国。

分析思考:

1.乐山市文化广播电视和旅游局在"乐游嘉学"研学旅行品牌顶层规划中做了哪些工作?

2."乐游嘉学"研学旅行品牌规划建设遵循了哪些原则?

二、研学旅行品牌形象体系建立

品牌形象通常理解为某一品牌要打造的专属符号,如一个 logo,或者是一种色彩,或者是一种感觉。所以很多时候用户会从"好不好看""深层次的寓意",甚至是"玄学"等角度解读品牌,如我们在评价某个品牌时,通常会使用"很潮""很治愈"等表述。但在真实的商业环境中,品牌形象设计应该是综合的、体系化的、科学的。

"创造一个与众不同的点,给予品牌意义并去传达一种信赖。"伦敦艺术大学的专家和学者给出的这个定义,更符合品牌设计的逻辑,点明了系统解决品牌形象设计的方法。目前应用比较广泛的一套品牌形象设计系统流程包括:梳理品牌的价值和概念—品牌命名—打造品牌 logo 及其视觉识别系统。

1.梳理品牌的价值和概念

一个成熟的品牌形象设计必然要考虑品牌形象设计的概念阶段、文本阶段、符号阶段、系统阶段,分别对应的是企业的品牌概念、品牌名、品牌 logo、品牌系统应用;品牌系统能够体现品牌形象设计的价值,也只有通过系统化的设计,品牌附加值才更可能成为消费者为之买单的理由。

产品的原始价值来源于产品生产者的意愿和生产背景,当这些东西作为商品时,它背后的概念和价值就需要被组织、被包装。包装的本质是要让产品价值变得清晰明确,让消费者更容易理解和感受。这正是品牌形象设计的意义所在,即降低生产者和消费者之间的沟通成本,满足人们快速理解和感受产品价值的需求。

因此,梳理品牌的价值和概念,是任何一个品牌形象设计的基础,这里面更多的是寻找特色和差异化。以编者做过的一个陕北县域特产的品牌形象设计为例,在经过了大量的实地走访和调研后,编者发现,在当今时代背景下,陕北的一些地区依然保留着传统的农耕习俗。由于特殊的地理环境,陕西北部的黄土高原上,很多地方连车都进不去,没有现代化的农作机械,因此也没有工业污染,在这样的环境下培育了很多优质的农副产品。有学者据此提出了"自然农法"的概念,并沿着这个点进行了一系列的品牌形象解读,设计了"黄土派,自然红"这一品牌形象体系。

2.品牌命名

有了品牌概念和价值体系,品牌的文化内核就形成了。品牌文化是品牌价值观念的提升,它赋予品牌以精神内涵,将消费者对产品的单一的物质需求上升到了情感的高度,赋予产品生命力和活力,让消费者更容易认可和接受品牌。用品牌故事来概括和表现品牌文化,找到能代表品牌核心价值和品牌文化的事、物、人或者某个画面,以此来向消费者描述品牌的精神内涵,营造出品牌深厚的文化底蕴。品牌故事可以形象、生动地向消费者传达出品牌的文化内涵,这种方式是易于让消费者接受的,也便于使消费者在受到品牌传播信息的刺激时,迅速联想和回忆起品牌形象,从而形成持久的记忆。

因此,品牌命名实质上是要讲好品牌故事,如"三只松鼠""良品铺子"的命名都很容易让人展开对品牌故事的联想。

3.打造品牌logo及其视觉识别系统

早期的品牌形象设计大部分只是去讲logo代表什么,有什么深刻的寓意,而视觉识别系统(VI手册)是用来告诉别人这是一个品牌。有了前文所述的体系支撑后,品牌logo和视觉设计便侧重于对社会审美和市场趋势的把握。另外,品牌视觉识别系统要有自己的鲜明特色,能与其他品牌形成差异,毕竟品牌视觉识别系统最本质的作用就是与别的品牌相区别,便于目标受众记忆。此外,品牌视觉识别系统应保持较长时间的相对稳定。经常发生改变的品牌视觉识别系统是不容易被消费者记住的,这样也不利于消费者建立明确的品牌形象。

上述品牌形象设计流程,的确可以帮助绝大多数的品牌建立品牌形象体系。但是在信息化时代快速发展的今天,品牌又迎来了新的挑战——个性化。其实建立品牌形象体系最根本是解决标准化的问题,也就是通过设计让无形的东西变得有形,变得有标准可以复制,连锁店的出现可以很好地解释这个概念。但是标准化的同时也带来了"官方感"和距离感,品牌形象的容错率很低,很难适应快速变化的社会所产生的各种需求。因此,"品牌IP"这个概念应运而生。IP具有人设、价值观体现,以及传播的路径属性,具体见图6-4、图6-5。

"品牌IP设计"在这里是一个狭义的概念,指一个品牌想要打造的个性化的品牌形象。近几年,不少品牌都在做IP化的尝试,因为如果把品牌视觉识别系统视作标准化的范畴,那么在当今时代下,品牌越来越需要个性化体现,IP就是一个很好的载体。

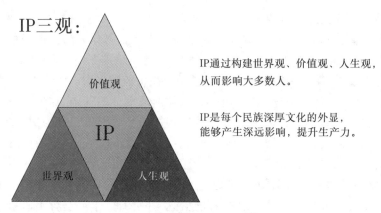

图6-4　IP三观

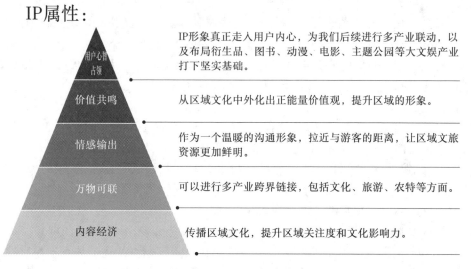

图6-5　IP传播的路径属性

跟品牌形象设计的概念一样，无论是文创内容类IP，还是非文创品牌打造的IP化角色，每一个打动人心的IP设定背后，都有着清晰的文化内核。

如何才能准确找到IP背后的文化内核呢？这就需要遵循基本的推导逻辑：首先，详细列出品牌自身的价值。然后围绕差异化，圈定出一个核心切入点，这个时候其实处于抽象的阶段。怎么才能把抽象的概念变成消费者能读懂的符号呢？这就需要找到一个现实中的文化或现象的载体，这个载体与品牌之间有某种理念上的相通之处。以编者设计的"嘻哈猛将"IP为例，在苏州地区流行一种民俗活动——闹猛将，一开始大家都不知道何为"闹猛将"，通过了解可以提取两个关键词：一个是"闹"，另一个是"猛将"。此外，整个活动其实就是一个大派对，大家借这种活动形式聚在一起庆祝、欢腾。由此可以联想到"嘻哈文化"，近几年"嘻哈文化"在年轻群体当中很火热，话题度和热度都很高，是一个具备传播力的载体。最主要的是"嘻哈文化"整体的氛围也能充分体现这个"闹"的感觉，高手也可以比作猛将，所以就有了"嘻哈猛将"这个IP的诞生——"猛将来，皆可闹"。

品牌形象的建设是一个持续的过程，而且这个过程没有终点，只要品牌还存在，品牌形象建设就不可能停止。即使建立起了一个明确的品牌形象，它也会随着消费者喜好和需求的变化而逐渐弱化，品牌形象也可能随着时间的推移，被消费者慢慢淡忘。这是一个品牌失去生命力的表现。因此，为了在消费者心中建立统一、明确、持久的品牌形象，让品牌生命常青，我们需要对品牌形象进行不断更新，创造新的品牌价值。

三、研学旅行品牌产品体系支撑

研学旅行品牌产品体系是研学旅行产品各种表现形式的集合，这些产品表现形式相互关联，是呈现给消费者的核心价值所在。产品体系化是主体分类化的一个过程，使得消费者能在特定的细分市场中快速形成心智认知，以及不断拓展细分市场以外的核心价值，从而使产品具有相对的竞争优势。

以宝贝走天下户外教育机构产品体系为例，该品牌以中国儿童户外活动领先者为定位，以城市生存教育、户外挑战教育、自然博物馆教育、军事品格教育、营地户外教育、国际游学教育六大学科产品体系为支撑，让更多家长直观地了解儿童户外教育产品，在户外锻炼儿童的生存能力，在实践中培养儿童的科学思维。同时该机构还是国内首家通过ISO9001"国内儿童研学旅行"认证的儿童户外活动机构，增强了产品体验的安全保障体系，得到了更多家长的支持与信赖。

同时还要考虑产品的适时开发战略，产品开发战略关系到产品发展的胜败兴衰。特别是产品初期发展更需开发"爆品"的思维，通过核心产品的聚焦快速建立研学旅行品牌形象，提升知名度及美誉度，从而在一定程度上带动其他产品的销售。以贵州赤水的研学旅行产品为例，其以"四渡赤水，红动中国"为核心主题，打响"四渡赤水"红色研学旅行品牌。中小学生研学实践以"探寻长征足迹，重温赤水之魂"为主，主题营取名为"红色成长记！四渡赤水巡游营"，聚焦于"四渡赤水"。

四、研学旅行品牌服务体系支撑

研学旅行是"学"与"行"的融合，研学旅行品牌产品的实施落地需要系统性服务体系的支撑。鉴于研学旅行产品的实施涉及政府、学校、研学旅行基地、研学旅行机构、家长等若干机构和个人，构建一个相互支持的服务体系就很有必要了。在实践方面，构建学校主导型研学旅行服务体系和基地主导型亲子研学服务体系可以更好地保证研学旅行课程的落地实施。具体有以下三个方面的机制作为保证。

（一）"政府＋学校＋社会"参与的多方联动合作机制

政府的政策是学校要将研学旅行纳入工作范畴，并鼓励学校积极开展研学旅行活动。但是学校受制于安全问题、经费问题、常规老师研学旅行活动组织经验不足等问题，需要社会相关组织提供服务及支持。相关机构无法系统地将"行"与"学"相结合，这就需要由学校来主导构建研学旅行服务体系的要求，保证研学旅行产品与课程及实践教育理念不脱节。通过持续制度化及规范化的约束，多方联动合作，把研学旅行整合成学校的、常规的、课堂外的教育实践。

知识活页

7

（二）合理有效的师资匹配

在研学旅行实践中，基地是载体，课程是核心，导师是关键。研学导师的匹配和质量已经成为研学旅行实践中的突出问题。研学导师属于既具备导游服务能力又具有教育教学水平的新兴职业人员，是研学旅行服务中的核心人物。在学校主导型研学旅行服务体系下，学校需要组建研学旅行课程服务小组，统筹研学实践课程落地，同时借助第三方合作机构，组织行前安全教育培训，规划实施中的应急预案以及户外实践活动的安全设计。同时要平衡好教师学科课程与研学实践课程，教师精力有限，不合理的安排也会影响研学旅行服务实施的效果。

（三）"安全＋体验＋教育"并重的研学旅行基地保障

在研学旅行实践中，基地是课程的重要载体，应将基地体验场景与课程内容进行融合，通过基地资源挖掘，让研学群体能体验有创意的场景。同时，寓教于乐的活动让研学旅行课堂不再是仅转换空间场所的被动式知识灌输，而是聚焦于如何增强研学旅行实施效果。从配套设施的安全保障角度来看，研学旅行基地内交通安全、设施安全、消防通道安全、食品安全等均是需要关注的重要内容。此外，真正为研学群体提供高质量的研学旅行服务，如系统化的服务接待、高质量的研学导师服务，也是研学旅行品牌体系化的重要保证。

同时，对于研学旅行目的地而言，要注重龙头企业的带动作用，形成标杆示范，才能成体系地支撑研学旅行品牌的落地实施，才能夯实研学旅行品牌的发展。

五、研学旅行品牌传播体系支撑

随着互联网的迅速发展，许多研学企业也通过网络宣传树立自己的品牌形象，大多利用新媒体，如微信公众号、视频平台（如抖音等），内容大多以当下研学旅行的相关政策及产品为主，大多缺乏专业人员进行运营管理。对于研学企业而言，其面临着自建新媒体运营或是与第三方泛媒体平台合作的问题，这就需要了解品牌的传播支撑体系及运营，评估在线服务的优劣势。

（一）品牌传播要有目的性，要做好传播策略的规划

品牌传播一定要有目的性，尽管内容传播的投资回报率（Return on Investment，ROI）很难量化，但是从管理层的角度来看，对品牌传播进行定位很重要。从品牌的层面来看，需要长期对品牌定位与价值进行宣传曝光与培养强认知。这是一个长远的谋划，从实际情况来看，企业大多希望内容的传播能与其经营目标相结合。因此，品牌的传播也需要体系化的支撑，对于长期目标和短期目标、为何传播、向谁传播，均需要做好规划。以研学旅行行业泛研学自媒体平台"来也研学说"为例，其就是规划了系统化传播策略，具体包括研学情报站、大咖来也和主题期刊三个精品栏目，为研学从业者和相关政府部门提供前沿的资讯、全面的行业现状和优秀的业务案例分享。

(二)生产品牌内容,关注媒介公信力

品牌的传播内容需要解决目标受众的精准问题,要了解目标受众的需求、面临的问题,以及传播内容是否与目标受众想要的产品匹配。但大多数研学企业在传播品牌内容的时候,大多自说自话、自得其乐。所以品牌的传播内容及其是否符合目标受众的偏好,是研学企业需要关注的重点,否则单纯的粉丝考核或是广撒网的做法是没有意义的。研学旅行涉及学校、家长以及学生群体,因此在品牌传播内容的层面,还要考虑媒介的公信力。以电视、报刊为代表的传统媒介在社会大众中依然具有权威性和很强的影响力,因此研学企业在传播品牌内容时可与具有公信力的媒体进行互动,特别是教育类的媒体,进而促进研学旅行品牌在不同教育背景及年龄层次群体间传播。

(三)积极的品牌内容推广会增加很多意外的机会

积极的品牌内容推广面临的核心问题是"怎么传"的问题,对于大多数企业而言,在预算有限的情况下,最好先侧重社会化媒体,特别是当下短视频内容传播,要关注传播的内容与形式的创意性,如2021年8月,成都居民自创和改编的MV《天府二街走九遍》《谢谢您的坚守》,成功营造出过年的氛围,引来众多网友自发转发。最大限度引爆受众的兴奋点,是极好的传播方式。对于研学旅行品牌而言,垂直领域细分的专家的推荐同样重要,可以借助专家的推送式推广或采风式现场研学体验;还可以借助内容大号,即跟相关公众号合作,进行互推。如果想尝试以广告投放的形式进行品牌内容推广,首先需要了解各投放平台的最新规则以及影响内容推荐的各项因素;其次要把握好品牌传播的时机性,特别是内容推广需要有推广日历规划,及时抓住"时间的窗口",密集内容,饱和推广,从而影响消费者的心智认知。

(四)评估品牌内容传播的效果,优化品牌内容传播体系

优化品牌内容传播体系是指在评估品牌内容传播效果的基础上,改良前三个阶段:品牌传播的规划、品牌传播的内容生产、品牌传播的推广方式。

首先,品牌内容传播的效果要与企业整体的品牌目标相吻合。从创造传播价值的角度,对浏览量、转发量等内容传播的基本元素进行评估,特别是要看哪些渠道带来了大量的浏览量,同时积极关注品牌关键词的推荐情况。此外,由于研学企业对品牌口碑的要求较高,所以还应对负面信息进行监控,最好能建立长效的品牌内容传播的监控机制。

其次,要分析拉动销售增长及成交的情况,以及从获取有效客户及客户维系方面进行评估,通过数据分析优化传播内容,特别要关注目标受众及细分市场的相关数据。

最后,还要建立内容的内部评估和外部反馈机制,搜集目标受众的意见反馈并评估其可行性,不断总结,以达到良好的传播效果。

拓展阅读

多元传播手段:"乐游嘉学"借力短视频进行营销推广

第五节 从研学旅行品牌构建到受众消费周期导入

在1967年出版的《营销管理》一书中,菲利普·科特勒指出营销就是管理消费者的需求。从品牌构建到受众消费周期导入即动态管理消费者的过程。

在品牌构建的不同阶段均需要分析受众的心理与体验反馈,递进式完成品牌体系的建立,一般分为以下三个阶段。

一、市场导入前期

市场导入前期以体现品牌核心价值的品牌形象被看见、被关注为核心,完成与消费者之间的初步沟通,以产品体验为主切入口,组建专业的导师队伍,提供优质的服务体系,通过前期首发团或体验团,在消费者圈层形成口碑,让用户开始不断关注品牌。本阶段将产品体系、形象体系、传播体系进行融合尤为重要,从而形成差异化的品牌定位,让消费者对品牌产生心智认知,知晓"我(品牌)是谁"和"我(品牌)是做什么的"。

二、品牌成长阶段

品牌成长阶段以产品体验为核心,重点落地执行服务的资源配置,保证市场吸引力及服务接待标准化和程序化,做好安全管理工作、产品安全评估,整理教学评价反馈,让消费者形成对品牌价值理念的正面认可;通过事件性、阶段性的活动与消费者进行互动,继续带动消费者对品牌的关注、形成消费信心。本阶段产品体系与服务体系的融合是核心,让消费者形成对品牌市场竞争优势的认知,知晓"我(品牌)有什么"和"我(品牌)是怎么做的"。

三、品牌成熟阶段

在品牌成熟阶段,因带给消费者持续的、良好的品牌体验,品牌继续保持活力。但是在不断深化的产品同质化的冲击下,品牌的生命力也面临着衰退的危机。形成消费者对品牌的忠诚度,构建品牌的市场溢价能力,是这一阶段需要重点强化的工作内容。应始终如一地履行品牌承诺,避免出现品牌的负面新闻,做到让消费者对品牌有持久、强烈的信赖,不断给予老客户奖励,让老客户介绍新客户,如在小米手机十周年分享会上,雷军在发表演讲时表示,决定向小米手机的首批18.46万用户赠送每人1999元红包,以此感谢小米的消费者和合作伙伴。一时,"米粉"们纷纷在朋友圈转发相关新闻,并为自己是"米粉"而感到骄傲。

拓展阅读

乐山研学品牌构建路径

第六节 研学旅行产品品牌策略

一、研学旅行产品线扩张策略

随着国家在研学领域不断释放红利,特别是2021年教育部实行的"双减"政策,为研学旅行行业注入了新活力,"研学+"内容细分也逐渐成为发展研学旅行产品的重要选择。携程在线旅游平台发布的《2021暑期旅游大数据报告》显示,休闲亲子游、研学旅行体验成为暑期定制游的主力,其中研学旅游产品较2020年暑期增长超过650%,研学类产品搜索量较去年同期增长两倍以上,超过80%的家庭出游用户会搜索与研学相关的旅游产品。不可否认的是,研学游正快速走进更多中国家庭,但是也有很多家长埋怨"好产品难找"。这也是当下研学旅行产品的发展困境,主要表现在以下四个方面。

(1)多赝品——是研学旅行还是旅游?市场上的研学旅行产品大多在本质上还是"多旅少学""只旅不学"。

(2)无内涵——背离初衷。很多研学旅行产品缺少对于实际情形的具体考虑。研学的核心是"学",研学应该是一种场景式教学,其核心产品应该是课程体验。内容感悟是对大脑与内心的引导,然而这些软性的东西,却在很多研学旅行产品里被弱化或没有触及。

(3)同质化——产品匮乏,种类单一。研学旅行产品种类较少,以呆板、说教的会展型产品为主,缺乏互动性。大多采用强硬的知识灌输方式、相似的设备,区别在于转换了空间,这些导致研学旅行产品同质化严重。

(4)少特色——缺少用户体验。目前的研学旅行课程还是呈碎片化和松散型的状态。缺乏针对不同人群的差异化设计,不能在深度上适应消费群体的文化层次,以及不能从现有资源中挖掘属于本地、本国、本民族的"根文化",流于跟风与模仿,这些问题在研学营地产品中表现得比较突出。

针对当下研学旅行产品的发展困境,其实很多研学企业已经从产品类别入手,引进发展多个品牌的策略,寄希望于每个细分类别都能发展市场。如某研学旅行机构先后推出了劳动教育类、景区研学类、探索发现科技类、爱国主义教育类等品类。但是事实是,大部分研学企业资源是有限的,不可能做到面面俱到。当下研学旅行产品同质化很严重,而且产品间竞争的激烈程度也在不断加剧,若是坚持市场导向,"小而美"的细分市场的成功概率会优于"大而全"的全产品线。特别是在后疫情时代,研学企业面临着许多不确定的经营风险,如何把有限的资源聚焦于几个重要品牌产品,是当下中小研学企业在产品线扩展上要重点考虑的问题。例如,港珠澳大桥是我国新时代大国重器的建设地标,涉及历史人文社会科学、海洋生态学、经济学和桥梁工程学四个学科的核心研学旅行产品线。2021年,港珠澳大桥合作研学旅行机构把更多精力聚焦在红色研学旅行产品线上,以"港珠澳大桥海上研学红色篇"为基本产品,以"拳拳赤子心·红色大湾区——伶仃洋上的党史课堂"为主推产品,以"珠澳海湾游之我爱我的国"主题研学为延伸产品,为红色研学旅行产品的深度与广度增加了竞争力与吸引力。同时,该系列红色研学旅行产品线的推出适逢建党100周年,其销售额也得到了大幅提升。

二、研学旅行品牌更新策略

随着研学旅行政策的不断规范和消费者需求的变化,以及研学旅行产品生命的周期性更迭(经历产品的开发、导入、增长、成熟、衰退等过程),其研学旅行品牌的内涵和表现形式也在不断变化、更新。特别是当今研学旅行市场存在品牌过度营销的现象,更应该进行感知定位的修正,用极度简化的信息让消费者感知本品牌与其他品牌之间的差异性。研学旅行品牌更新策略的核心是品牌发展周期应与用户的发展息息相关,应对处于不同阶段的消费者与品牌反馈的信息之间的一致性进行研究。

例如,少儿研学旅行的关注点更偏向于自然观赏型、知识科普型,所以在科普知识体验上,要给予更多的重视。少年阶段的孩子富有理想,热爱生活,积极向上,乐于参加各种创造性活动,针对这阶段的孩子应主要关注体验考察型、励志拓展型的研学旅行课程。青年在进行研学旅行时不喜欢大众的旅游体验方式,这一阶段的孩子善于表现,个性突出,偏向于兼具舒适性和冒险性的研学旅行体验,如自然探险、非遗民俗体验、运动训练、场景故事体验等。因此,研学旅行品牌更新策略的核心就是要抓住产品关键词,突出其最大的卖点,通过品类的精准聚焦,让消费者形成品牌认知,具体包括品牌形象的更新、研学旅行产品更新换代等策略。

三、研学旅行品牌联盟策略

品牌联盟实质是通过组织间协作挖掘潜在价值,形成较大的研学旅行品牌联合体。当前市场竞争激烈,产品同质化现象严重,因此,研学企业更要突出个性竞争力,在研学旅行上下游各环节中突出自身。在形成研学旅行品牌联合体后,研学企业之间就可以共享渠道、相互整合,降低产品推出的费用,提升品牌影响力。对于中小研学企业而言,比较实用的品牌联盟基本策略有以下两种。

(一)认知品牌策略

认知品牌策略是指若干家研学企业使用统一的品牌,进行联合推广展示,如2021年5月四川省推出地学研学旅行基地联盟,首批45家授牌基地形成发展合力,配合地方推出的义务教育课程"可爱的四川",课程与品牌联盟整合实施,进一步推动四川省内的研学旅行发展。再如乐山除了推出"乐游嘉学"研学品牌联盟,规范统一品牌应用(如品牌标识、教具应用、课程应用、宣传应用等)外,还及时推出"乐游嘉学"研学人才联盟,规范研学人才的培养。

（二）品牌互补联盟策略

每个城市都有其自身的研学旅行品牌，品牌互补联盟策略是指就近区域内的城市形成联盟体，发挥市场协同效应。例如，河南洛阳联动焦作、平顶山、三门峡、济源示范区，共同形成洛阳都市圈研学实践联盟品牌，打造相互认可、标准规范、保障安全的研学实践常态化合作机制，促进区域内研学旅行市场的流动；各个城市研学旅行品牌错位发展，避免形成过多同质化的研学旅行产品，突出当地文化属性；坚持以市场为导向，创新城市研学旅行品牌体系，各联盟城市间资源互补、宣传互推，定期组织中小学生互访的研学旅行活动，在形成洛阳都市圈研学实践联盟品牌的同时，充分释放发挥研学实践教育对推动区域内各城市经济社会协同发展的辐射效应。

> **本章小结** 本章主要阐述了研学旅行品牌的基本内涵、提炼方法、竞品分析步骤，研学旅行品牌的构建路径、受众消费周期导入，以及研学旅行品牌的更新策略。从市场的角度出发，较为持久的研学旅行品牌的核心是其产品的价值、文化属性和个性。

课后训练

1. 如何理解研学旅行产品品牌策略等同于研学旅行产品开发？
2. 请思考目前大多数研学旅行品牌是偏向于品牌策略，还是偏向于广告创意？并举例分析。
3. 研学旅行品牌核心价值提炼的方法有哪些？
4. 研学旅行品牌的构建路径有哪些？结合所在区域研学旅行的发展情况，撰写一份区域研学旅行品牌定位报告。
5. 简述研学旅行产品品牌策略。

第七章 研学旅行市场细分与目标市场策略

学习目标
1. 了解研学旅行产品的品类细分及市场供给。
2. 了解研学旅行产品设计的重点。
3. 了解研学旅行产品的营销策略。

知识框架

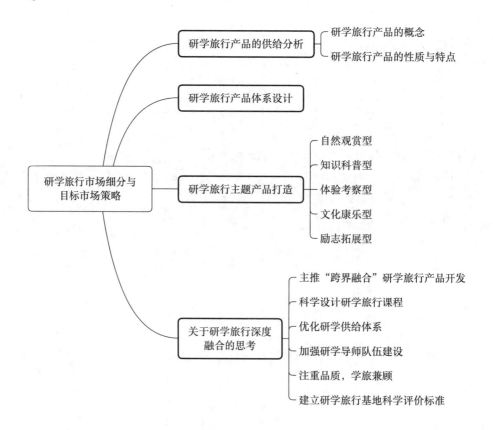

学习重点

1. 了解研学旅行产品设计的条件。
2. 细化研学旅行产品，了解研学旅行市场的供给。
3. 了解打造主题产品的条件。
4. 通过经典案例了解不同领域的研学旅行产品。

案例导入

自2016年教育部等11部门联合印发《关于推进中小学生研学旅行的意见》起，教育、旅游利好政策不断出台，推动研学旅行市场进一步发展；休闲农业和亲子研学需求的结合，兼具田园观光、乡村体验、科普研学、亲子教育等多种功能，诞生了一批大客流项目。

一、扎根产业，拓展科普研学

米果果小镇位于浙江省诸暨市东北部的山下湖镇，创建于2013年，2018年的相关统计数据显示，其总面积为3152亩1，其中火龙果种植基地面积为1200亩。随后几年的时间，米果果小镇通过农业土地资源的立体式开发和一二三产业深度融合，逐渐发展成集种植养殖、农产品深加工、休闲旅游、教育培训、创新创意发展于一体的综合性园区。

米果果小镇建设了农业科普馆、开心大农场、水果采摘区、学生田间实验基地、火龙果加工观光区等主题区域，使得游客在参观、游览的过程中不仅可以体验农作劳动、乡村生活，还可以观看农产品的加工生产，充分发挥研学旅行产品的科普教育功能。周末、节假日，米果果小镇游客络绎不绝；周一至周五，研学旅行团队填补空白，米果果小镇淡季不"淡"。此外，更有夏令营活动的开发和冰雪项目的导入，破解了南方地区休闲农业因天气炎热而步入淡季的发展难题，相关统计数据显示，其2019年接待游客80多万人次。

二、立足自然，开展生态教育

我国台湾地区台一生态教育农园成立于1990年，面积0.23平方千米，种植了大规模的花卉种苗，自然景致优美。园区始终坚持"自然体验"的原则，让来访者感受自然的生命力，体验乡村的文化风情。园区以"用花香装扮多彩人生，从一粒种子观察生命奥妙"为设计理念，设置了多样的体验场所，包括DIY押花教室、文化艺廊、水上花园餐厅、浪漫花桥、花神庙、根的世界、花卉栽培区、蔬菜苗圃区、机械播种解说区、梦幻花屋品茗区、蝴蝶生态馆、有机栽培区、百香果区等。游客在这里可以自己动手做押花，观察植物的生长过程，学习植物的相关知识，还可以栽种花卉、蔬菜，体会农家的生活。

"农业＋旅游＋教育"为亲子研学市场打开了新的思路。产业是基础，将产业做扎实，将产品做出特色，发挥产业优势，可以开拓出具有竞争力的体验课程；亲子研学的"教育"属性是核心要素，应对生态资源进行精心设计、细致打磨，将其转化成完善的自然教育课程，为园区的发展铺好台阶。

分析思考：

1. "跨界融合"的研学旅行产品为当地的发展带来了哪些变化？
2. 如何针对不同产业的特点进行研学旅行产品设计？

第一节　研学旅行产品的供给分析

教育家陶行知在《行知行》一文中写道："行是知之始，知是行之成。"作为一种旅行形式，研学旅行历史悠久，由古代游学、近代修学旅行逐步演变而来，它继承和发展了我国游学中"读万卷书，行万里路"的传统教育理念和人文精神，也成为当代素质教育不可或缺的一部分。广义的研学旅行是指具有研究性和探究性的专项旅行，受众较为广泛，凡是对研学旅行目的地进行探究式参访的群体都可以通过专项的旅行来实现研学的目的，如亲子游、夏令营、冬令营、主题研学、企业团建等。狭义的研学旅行的主体是学生，以发展学生的能力为目标，既结合校本又突破学校课堂的局限，通过体验式、开放式的教育来弥补传统教育中的不足，学生不仅能获得愉悦的旅行感受，还能够开阔眼界、增长见闻，是青少年成长过程中非常重要的人生体验。

"研学旅行"这一概念自提出后，发展至今已转化为多元消费体结构，它的实施主体主要有学校、旅行社或社会文化机构、由国家成立的专门的研学旅行管理机构等。在文化旅游业快速发展的时代背景下，研学旅行教育内容越来越细分，研学旅行的体验性也逐渐增强，"研学＋"的模式逐渐成为发展研学旅行产品的重要选择。

而随着研学旅行的热度不断攀升，发展步伐过快，越来越多的问题也逐渐暴露出来，如对研学旅行的定义认知不足、研学旅行过程中"只游不学"、研学导师没有官方核定标准、研学旅行产品的开发设计没有吸引力、研学旅行相关理论不完善等。

因此，研学旅行的真正价值在于研学的深度，其核心强调通过政府、学校、专家及专业机构的共同努力，发掘多种研学旅行资源，打造具有特色的、科学的、丰富的、高质量的研学旅行产品。并且依据不同的主题对研学旅行产品进行细分，以满足不同阶段受众的需求，真正体现出研学旅行中的"知行合一"。

一、研学旅行产品的概念

研学旅行产品是指为适应我国研学旅行教育的需求，根据研学旅行目的地所体现的关于自然、人文、历史、艺术、科技等方面的特点研发出来的以探究式学习、综合实践体验为主要内容的课程与服务。研学旅行产品以实现"旅游＋教育"为目的。

优秀的研学旅行产品有助于提升研学旅行全过程的教育性、实践性、贯通性，便于与学校教育之间形成立体、融通的育人体系，充分确保研学旅行的广泛推进。随着研学旅行教育内容的细分,研学旅行项目层出不穷、百花齐放,这也促进了研学旅行产品的不断研发与更新换代。目前研学旅行"跨界融合"发展成为主流趋势,现有研学旅行基地与户外拓展、美育、传统文化教育、自然教育、综合实践、田园体验、爱国主义教育等品类相结合,构成研学旅行市场重要产品体系。

二、研学旅行产品的性质与特点

2016年12月教育部等11部门联合印发《关于推进中小学生研学旅行的意见》后,作为一种独特的综合教育方式,研学旅行的市场异常火爆,但各类研学产品的质量却参差不齐。经过几年的探索,研学旅行消费出现了新的升级,市场需求也相应出现了新的变化。

研学旅行以教育为主要目的。研学旅行产品是以一定的文化资源为依托,以教育为手段,以旅行为载体的一种全新的"研学+"产品,而非传统的旅游产品。研学旅行活动是以让受众在游玩的过程中培养技艺、增长见识以及提高审美情趣为目的的一种专项旅行活动。其主要突出"学"字,要求参加者在旅行的过程中有所学、有所获。因此,研学旅行产品是以研学旅行目的地的主题思想甚至是学术成果为依托来进行开发和设计的,有着旅行与教育的双烙印。

研学旅行产品是一个综合的服务体系。根据不同的人群及其研学诉求提供具有差异化的研学旅行服务,是能彰显研学旅行质量的关键因素。不同的产品也代表了不同的教育方式。研学旅行基地、研学旅行课程、研学旅行线路、研学导师以及相应的服务,这些因素是否健全决定着研学旅行是否可以顺利实施。其中,研学旅行课程由资源转化而来,可以让旁观者成为参与者,增加体验感;研学旅行线路的合理设计可以将不同研学旅行课程进行完美的融合;研学导师负责引导、解说、知识点串联等重要的工作;辅助服务人员则保障衣、食、住、行等基础服务的顺利开展,这些因素相辅相成、缺一不可,这种新型的教育方式是无可替代的。因此,研学旅行产品应针对不同人群的需求,做到精准供给、细致分类。

(1)研学旅行产品要满足学校以及研学旅行机构对研学旅行课程与校本课程进行点面结合的要求。很多研学旅行目的地都与学校学科课程等有着密切的联系,因此研学旅行产品应结合校本课程,在符合教育思想、理论和规律的前提下辅助完成教学任务,配合学校完成创新性、探索性教学,这类研学旅行产品可以实现校内教育与校外教育的完美融合。

(2)作为校内教育的校外延展,研学旅行产品需要根据小学、初中、高中等不同学段的教学目标,结合各地文化资源背景,为学生开辟"行中学,学中行""践行中求真知"的研学天地。在"双减"政策落地后,越来越多的家长开始深入考察研学旅行课程的设计细节,学校开始加强对研学旅行课程的定制和规划,研学旅行活动成为素质教育的重要组成部分。

(3)研学旅行产品应为成人提供相应的研学配套服务。当下,人们对精神文化生活提出了更高的要求,这使得研学旅行产品的供给需考虑到精神文化产品设计。此外,研学旅行的市场需求也出现了新变化,有组织的研学旅行活动出现从学校向社会

拓展阅读

宁波第四中学徽州文化行走课堂——"一生痴绝处,无梦到徽州"

拓展阅读

美国霍桑山谷农场

拓展阅读

莫高学堂成人高级研修班——生命智慧,传承有道

扩展的势头,不仅有企业开始尝试以组织研学旅行活动的方式来进行企业团建,甚至一些老年大学也尝试进行老年研学旅行活动。有着个人研学旅行诉求的受众也开始关注成年人研学旅行产品。这一类研学旅行产品的供给起点较高,不同于校内研学的教育方式,而且成年人有着更为成熟的思维方式,更注重是否能通过研学旅行产品获得自我提升以及认同感。要想获得这类人群的认同与共鸣,应对课程主题、专业性、学术成果的转化以及综合服务体系要求更高。

第二节 研学旅行产品体系设计

景区是研学旅行的重要依托,同时也是研学旅行的重要目的地,大部分的研学旅行是借助景区实现的。近年来,教育投入比重的不断加大以及教育观念的转变促进了体验式教育理念和旅游业的跨界融合,使研学旅行成为市场热点。这也对景区建设提出了更多的要求:首先,应对旅游景区的整体环境进行优化,将有吸引力的资源、产业、各类元素转化为新型旅游产品。其次,配套全域旅游服务,实现旅游产业全域联动。形成特色旅游产品集群,推动各种产品、业态和产业的融合发展,发挥"旅游+"的综合带动功能,各行业融入其中,促进旅游产业与其他产业融合,实现产业链条全域化,形成全域化旅游产品和业态。最后,推动旅游产业与其他产业共生共荣,形成相关产业全域联动大格局。国内各大景区加大了与旅行社、培训机构、研学旅行机构、学校的合作力度,并取得了有效成果。此外,引入研学旅行项目,对提高景区人气、丰富景区业态、延长景区产业链等也具有积极作用。

景区的研学旅行品牌要想成为有影响力的品牌,就必须适应市场需要,不断整合景区、高校、科研机构和研学旅行基地等资源,并根据研学旅行团队的不同要求,"量身定制"不同的研学旅行线路和产品;加强区域资源整合,多景区联动发展;实现景区的客源和研学旅行资源共享体系,积极开展区域合作,促进全域研学旅行的发展。

景区应如何开展研学旅行活动?若要适应研学旅行市场的发展,景区应如何根据自身特点来设计研学旅行课程?要想解决以上问题,我国景区必须进行一场有力度的景区革命,通过系统性的景区服务调整来满足研学旅行的需要。

首先,景区需要整合研学旅行资源。如前文所说的,根据市场需求整合周边相关资源,充分挖掘特色研学吸引物,量身打造属于景区的特色研学旅行产品与研学链。

其次,景区应对接学校教育计划,根据国家政策、地方政策的不同标准及教育部对研学旅行的要求,针对不同教育阶段的学生设计研学旅行产品,邀请教育专家、心理学专家和旅游策划专家等共同规划研学旅行的景区产品。其中,最重要的是景区要细分市场及客群,有针对性地进行课程体系的开发,因材施教。例如,基于青少年的认知水平和需求特点,对学校的教学内容与景区旅游资源进行深入分析,在遵循参与性、体验性、互动性的原则上,有针对性地开发自然类、地理类、科技类、人文类、体验类等多种类型的研学旅行课程,满足不同群体的差异性需求。

再次，景区必须完善配套设施，通过提升服务水准来发展研学旅行。景区要根据相应级别的研学旅行基地与营地的硬件设施要求，进一步完善交通设施、景区设施、综合配套设施、环境建设设施、接待服务设施等基础配置。

最后，搭建"研学＋大数据"平台，让智慧研学融入景区。景区可以利用互联网理念和技术，建立自己的客户资源数据库，通过大数据实现景观资源、研学成员信息和工作人员信息的高效链接，对基础设施、后勤保障、导游服务、安全管理等实施流程控制与预警，全面、及时、准确地实现数据实时共享。在方便景区研学旅行管理的同时，让家长可以进行安全监控，从而增加其对景区的信任度。

本章将通过对景区研学旅行经典案例的研究，剖析如何通过高效的研学旅行产品来打造研学旅行产品体系。

巧克力工厂研学旅行案例

观光工厂将企业工厂转化为研学旅行资源，是打开研学旅行市场的典型。台湾观光工厂转型为文创产业，以文化内涵为基点和核心，不断地推出迎合当下潮流的产品，将工业生产主题体验、亲子研学教育、创新业态延伸（如主题博物馆、主题餐厅、主题乐园等）、特色旅游购物相结合，创造出新的经济活力。

20世纪90年代，台湾的工业发展速度较慢，但有不少工业品牌察觉到市场发展的趋势，率先转型发展观光工厂项目。如今的台湾观光工厂，已经逐渐成为亲子游、研学游的首选。

一、桃园八德巧克力共和国

巧克力共和国位于台湾桃园八德，是东南亚第一座巧克力博物馆，从场馆到园区的设计，都或多或少地融入了巧克力的元素。

近年来，巧克力共和国着力发展亲子游项目，从巧克力生产、制作、包装的全流程展示，到亲子互动的巧克力DIY项目，通过体验巧克力的制作过程，不仅达到寓教于乐的目的，还增强了家长与孩子的互动，饱受好评和欢迎。巧克力共和国将自身成熟的巧克力生产技术转化为研学旅行资源，并开拓了巧克力课程、巧克力制作体验等项目，吸引了大批游客。此外，巧克力共和国推出了相当多的周边产品，如具有特色的巧克力零食、饮料等，满足了游客的多样化需求。

巧克力共和国包含三大功能区，第一层为商业区，第二层为巧克力知识区，第三层则是最受小朋友欢迎的DIY体验区。

动静结合，寓教于乐。巧克力共和国展区内展示了巧克力3500余年的历史及可可相关农作的详细介绍，并将可可果如何变成美味巧克力的过程娓娓道来。在巧克力共和国，除了自行参观，还可通过工作人员有趣的导览学习丰富的知识，以及报名参加巧克力DIY课程，在专业人员的指导下，制作独一无二的巧克力。旧有工厂生产线参观步道则将宏亚明星商品——77乳加、大波露、起酥线等的生产线公开，让游客能亲眼目睹这些商品的生产过程。走一趟巧克力共和国，犹如读了一本丰富的巧克力书籍及烘焙产业的专业教科书。

特色产品与趣味活动。①动手制作活动：在教师的带领下制作巧克力棒、巧克力点心（将独特台湾风味与可可结合），体验巧克力制作之旅。游客可自行在巧克力上装饰自己喜爱的图案，在专业甜点师傅细心、有趣的指导下，制作独一无二的巧克力。②特色趣味季节活动："2019 巧克力抓周迎福气""一起 GO PARTY"等。

二、果风小铺 Sophisca

作为台湾地区第一家专门生产糖果的企业，为了迎合当地发展需求，果风小铺于 2012 年精心打造了集售卖与 DIY 制作于一体的果风糖果工厂。除了销售各类高颜值的糖果产品之外，果风糖果工厂还特别开设了亲子游活动，通过展示糖果的制作过程、家庭参与制作等方式，让单纯的糖果工厂观光变得有互动性，更加有趣，让游客在满足口腹之欲的同时，也能收获到乐趣。

果风小铺观光工厂转型为文创产业，通过糖果工艺展示、交互式体验，让孩子提升社交能力、获得生态生活教育。

果风小铺新竹麦芽糖工房及宜兰糖果工房出售各类高颜值、有卖点的趣味糖果，其工厂内部的 DIY 研学项目是一大卖点。

DIY 教学：亲子同乐的 DIY 教室提供了巧克力 DIY 活动，每个家庭都能享受自己动手制作的成就感。经过指导，每个人都可以做出属于自己的、独一无二的手工巧克力，不仅好吃，而且好玩。

现场教学：交互式体验让果风糖果工厂的 DIY 项目几乎场场爆满，为此，公司专门安排了生产人员在工厂的透明车间里，向游客展示糖果的制作过程，缓解排队等待的枯燥感。此外，生产人员会将刚出炉的手工糖分发给现场观赏的游客，让游客能够亲眼所见且现场吃到。

生态教育：踏出工厂车间后，最令小朋友感到好奇的就是面前池塘内的蝌蚪，这是另一个生态教室，是家长对小朋友进行生命教育极佳的地方。萤火虫是夜晚的精灵，亲子可以在此一同欣赏萤火虫，小朋友可以在此接受生态环境保护教育。

巧克力 DIY：小朋友可以利用模具和 DIY 彩绘笔发挥天马行空的创意，并在家长的陪同下，完成让自己开心且好玩又好吃的作品。小朋友还可以利用硬糖和棉花糖进行自由搭配，不仅点缀巧克力本体，让其颜色缤纷亮丽，也能让巧克力的口感更富有层次。

（一）产品设计

一个健康发展的观光工厂，应该具有丰富的产品体系、完善的服务与运营机制以及可观的盈利能力。观光工厂必须要有具有创意的产品，才能带来无限的商机。产品设计不仅要有趣、有创意，而且要充分体现特色及其与人的情感连接。此外，产品设计还要注重专业性，可以引入具有成功经验的外部团队及工厂相关专业人员一起参与。

（二）开发要点

工业研学旅行以观光工厂为依托，后期依靠特色文创产业赋能转型，通过"五感"体验和在地化包装，打造具有互动体验和教育意义的活动场所，需要注意的是，文化情感内核、互动体验包装缺一不可。

1. 产业有基础

观光工厂大多有着"某某第一"的名号，如台湾第一座微生物主题博物馆、首创台湾第一支三星葱蛋卷等。强大且牢靠的产业基础，加以特色点缀，成为观光工厂的核心所在。

2. 产品有特色

从产品的角度来看，按照"核心产品＋衍生产品＋配套服务"的逻辑，核心产品即企业本身的产品，衍生产品则围绕核心产品展开，如花旗参的冰淇淋、罗董豆奶的手工豆花等，在这些观光工厂中较为常见和重要的配套服务是导览解说，部分食品观光工厂还提供餐饮服务。

3. 文创衍生有创意

台湾观光工厂从建立与发展地方品牌的角度切入，运用诉说品牌故事的方式，向消费者呈现台湾当地美好的人与事物，展现公司的经营价值以及本土文化，提高了产品的附加价值，用原创故事为消费者创造值得回忆的感受已成为主流。罗董（LOTON）有机豆奶、三星葱蛋卷、灯泡珍珠奶茶、人参冰淇淋……这些新奇的组合和新的技术手段是这些观光工厂的巨大吸引力。

4. 互动式体验激活工业旅游

观光工厂不是产品的卖场，而是产业的秀场，是通过塑造多维感官体验来抓住顾客的注意力，结合"传统再造""体验经济""艺文展览"等元素，再加上寓教于乐的活动，以改变顾客消费行为为目的的"表演舞台"。

在互动体验方面，DIY是最普遍的方式，各种DIY活动将简单的产品制作学习、趣味的课程学习等寓教于乐。DIY也是最好的产品宣传方式，最能够让游客全面感受产业文化，如酒类DIY、商品包装DIY、饼干DIY、蜡烛DIY等，再辅以游戏、教学课程、品尝等形式，共同构成深度体验体系。

第三节 研学旅行主题产品打造

文化和旅游部发布的《研学旅行服务规范》（LB/T 054—2016）中，按资源类型将研学旅行产品划分为五类，即自然观赏型、知识科普型、体验考察型、文化康乐型和励志拓展型。我们将借助经典案例来对主题产品的打造进行阐述。

一、自然观赏型

自然观赏型研学旅行产品包括以世界自然遗产（地）、山川、河流、湖泊、海洋、草原、沙漠等资源为主的国家级景点，这类资源最受欢迎；分析和利用景区独有的自然资源以及人文环境，并进行有效的课程转化，引发人们对文化寻根的思考，并培养人们尊重自然、保护环境的意识。

行业案例

子学堂"探秘植物界的大熊猫"

1. 研学对象

子学堂提升班全体学员。

2. 项目目标

了解龙苍沟地区珙桐花繁衍、生长情况。

3. 产品特色

实地考察课程。

4. 课程内容

进入龙苍沟地区,通过三天的深入勘查,了解珙桐花繁衍、生长的地域条件、气候条件、水土条件。学员们将分别在海拔600米、1000米、1500米的地域带,从温度、湿度、地理结构、土壤酸碱度、水质酸碱度、共生植物等方面对植物生长条件进行勘探。同时,从珙桐花种子的结构、外壳硬度等方面对其繁衍的难度进行科学分析。

5. 课程总结

分小组,选择主要研究目标,以科技小论文的形式,对研学旅行课程进行总结。

子学堂"童话侗乡"

1. 研学对象

子学堂基础班全体学员。

2. 项目目标

了解程阳三江侗寨的民俗、民风。

3. 产品特色

民俗风情考察、非遗项目体验、儿童写生绘画三门课程相结合。

4. 课程内容

深入程阳三江侗寨,走进侗族村民家中,沉浸式体验侗族文化。学员每四人为一组,住进侗族村民家中,与村民共同生活六天。在此过程中,了解侗族的衣食住行等方面的特点,并参与采茶籽、榨茶油、纺线、织布、蜡染、制衣、打糍粑等侗族非遗文化活动,重点是参与侗族大歌的习唱和演出,全方位、融入式体验侗族文化。

5. 课程总结

活动第七天,在程阳岩寨绘画基地会议室展出学员绘制的侗家风雨楼等建筑写生作品,以及扎染作品等手工艺品,当晚学员将参与百家宴,学习并演唱侗族大歌。

二、知识科普型

知识科普型研学旅行产品主要包括各类博物馆、科技馆、主题展览、动物园、植物园、历史文化遗产、工业项目、科研场所等资源,这一类资源颇受以素质教育为目的的研学群体欢迎。

同走河西走廊,共赏甘肃石窟

甘肃素有"石窟之乡"的美誉,在河西走廊长达900千米的观景途中,集合了雪山、冰川、沙漠、湖泊、戈壁、彩丘等众多极致风光。"丝绸之路"穿省而过,闪耀着灿烂的丝路文明之光。自古以来,众多民族在这里繁衍生息,不同信仰和文化恣意呈现,是绝佳的研学旅行胜地。

1. 研学对象

成年人。

2. 项目目标

沿"丝绸之路"前行,从自然景观到人文景点,深度了解丝路文明,树立文化自信。

3. 课程内容

为了充分发挥敦煌研究院在学术研究、遗址保护、旅游推广等领域的专业优势,2017年1月18日,甘肃麦积山石窟艺术研究所、炳灵寺文物保护研究所和北石窟寺保护研究所三家石窟管理机构整建制划入敦煌研究院。加上原有管辖的榆林窟以及西千佛洞,敦煌研究院管辖石窟多达六座。由此,敦煌研究院莫高学堂打造出全新研学旅行产品,开创"同走河西走廊,共赏甘肃石窟"的研学之旅;整合甘肃石窟群文化遗产精华,以石窟造像和壁画艺术为主要课程内容,历史时间跨度几乎涵盖了十六国北朝至唐宋和西夏元明时期。

4. 课程亮点

(1) 专家名师,齐聚一堂。

依托莫高窟文化遗产地和敦煌研究院学术资源,特邀敦煌研究院专家、学者和资深讲解名师共同组成此趟研学之旅的讲师团,讲述丝路文化的魅力和禀赋,给学员带来内容丰富、旁征博引的堂课及讲解。

(2) 主题洞窟,尊享参观。

精心设计石窟研学主题线路,特级洞窟与精品洞窟的强强组合,让学员收获更多非常规开放洞窟的意外惊喜。学员将在优秀的专业讲解员的陪同下,信步于崖壁石窟之间,细细品味每一座洞窟的魅力,沉浸式了解甘肃石窟群的灿烂历史。

(3) 特色手作,独享体验。

① 莫高梦·泥胚典藏——敦煌画匠手作体验。手作课程的体验,让学员静下心

尝试涂色描线，用自己的理解将敦煌壁画重现，将洞窟中每一处美好的场景都绘制在泥板上，大胆运用色彩，获得惊喜和感动。

②遇见敦煌色彩——矿物质颜料制作体验。敦煌壁画历经千年色泽依然绚丽多彩，学员在欣赏敦煌壁画之美的同时总会有为什么它不会变色的疑问。

参观洞窟加上手作课程体验，让学员体验利用天然矿物本身的色彩来制作颜料，认识和了解这种古老的呈现美丽的方式，知晓敦煌壁画不会变色的奥秘所在。

(4) 精英团队，全程保障。

莫高学堂精英团队将给学员提供全程、全方位的保障，资深研学导师将全程陪同，提供贴心服务。

在当下新科技的带动下，科技研学成为现代科技型研学旅行产品的开发模式之一。科技研学旅行目的地主要通过体验VR、AR、3D或4D等高科技手段来实现科技教育的目的。一般科技研学旅行目的地主要分为展馆类、科研类和科技园区类。

探索光电前沿，验证实践真理

1. 研学背景

敦煌光电产业园区是以太阳能发电为依托，以太阳能电池组件及逆变器制造、风力发电机组的生产维护、大功率锂离子储存电池制造等装备制造业为补充，以新能源应用推广为平台，以建设全国太阳能电站检测培训及服务中心为目标的综合性产业园。敦煌光电产业园区是国家批准的首个"百万千瓦级太阳能光伏发电示范基地"。2016年，敦煌光电产业园区被评为国家3A级旅游景区。伴随着新能源产业的蓬勃发展，敦煌将新型工业与旅游业融合发展，在敦煌光电产业园区大力开发科普项目，使新能源科普研学旅行热潮逐渐兴起。新能源展览馆包含序厅、科普厅、多媒体沙盘、规划厅，有展板30多块、模型及实物40多件，应用虚拟迎宾、声光电沙盘、纳米触摸屏等技术，全方位展示了人类能源的发展史，国内风电、光伏、光热发电及可再生能源的发展状况及前景，整体介绍了敦煌新能源的资源优势、发展情况及敦煌新能源城市建设情况。同时，敦煌光电产业园区拥有2016年被誉为全球第三座、亚洲第一座可实现24小时连续发电的首航节能敦煌10兆瓦熔盐塔式光热发电站。

2. 课程目标

(1) 通过科技创新、地理自然等方面的理论探究与实际操作，让学生获得感悟，在实践中丰富内心世界，学习先进科技知识。

(2) 用最简单的语言、最生动形象的比喻、最直观的实验现象，向学生解释深奥的科学原理，让学生更直接地接触科学，获得对于科学更直观的理解，并主动亲近科学；传播科学思想，弘扬科学精神，有利于学生树立追逐科学、从事科研的梦想。

（3）通过探究实践，培养学生像科学家一样会思考、会创造；引导学生怀着对知识的渴求、对科学的热情，进行科学尝试与探索；创造一些多样化的学习方式。

（4）引导学生思考和动手，培养学生的实践能力、创新能力和团队精神，有助于高等学校实施素质教育。

3. 关联学科

道德与法治、物理、地理、语文、数学。

4. 课前问题

（1）在学习之前，你印象中的光电是什么样的？

（2）实际生活中，哪些用电跟光电产业有关？

（3）你是怎么看待太阳能发电的？

5. 课程内容及组织形式

在此次体验式活动课程中，学生可以体验到在科技背景下动手创新实践的乐趣。整体课程分为四个部分：普及知识、参观园区、光伏车速度赛、搭建光热发电模拟装置。不同的课程内容让整个体验式活动更加丰富，区别于课堂模式，通过实践验证知识的体验更能给学生带来深刻的印象。

课程的组织形式包括以下四种。

（1）参观。具体包括参观专业的光电知识综合展览馆，震撼的光热、光伏发电项目现场。

（2）考察。具体包括考察太阳能光伏发电是如何替代生活和企业生产中的传统发电模式的。

（3）体验。具体包括模拟太阳能光伏发电原理，体验动手实践的乐趣。

（4）探究。具体包括探究作为新能源的太阳能背后的科技力量。

6. 活动规则

（1）课程教师评判学生是否在规定的时间内完成了光伏车的整体组装。完成标准为有底盘、方向盘、光伏板、蓄电瓶、车架轮廓，可以利用光伏发电行走。

（2）课程教师对光伏车外形轮廓设计的合理性和美观性给出相应的评判分。

（3）光伏车拼装好了之后，小组派代表进行车辆比赛。

（4）比赛用时最少的小组获胜，给予纪念品奖励。

7. 研学重点

太阳能的优点和缺点，太阳能的利用方式，能量之间的转换。

8. 研学难点

理解使用说明书的内容，成功组装一台光伏车。

9. 课后延伸

你还知道哪些利用了太阳能的新兴装饰和仪器？你了解它们的工作原理吗？新型能源还有哪些？它们有什么样的用途？

汇景新城实验小学"海陆空三栖"科技研学冬令营

1. 课程目标

（1）开阔学生的眼界，激发学生探索世界的动力。

（2）培养语言表达、逻辑规划、生活急救、心理疏导四大能力。

（3）涵养热爱文化、健康心态、家国情怀三大精神素养。

2. 课程亮点

（1）海：走近军工船舶，揭秘国之重器——了解现代造船流程、拼装船舶模型、船舶VR体验。

首先，走进中船黄埔文冲厂史馆，了解"军工造船厂"的百年传奇、造船人艰苦奋斗的故事，掌握各类船舶的构造、种类、用途等知识。随后，走近军工舰船，近距离参观停靠在港口的军舰，探秘现役的舰艇，感受科技强国的力量，树立国防爱国主义意识。之后，走入柯拜船坞（现为广州黄埔造船厂厂区），其既是远东第一座花岗石船坞，也是中国近代第一座石船坞，作为国家首批工业遗址，它建设于1851年，见证了近现代中国的苦难与辉煌。最后，体验合力拼装一艘168广州号导弹驱逐舰模型；揭秘摩尔斯电码。

（2）陆：地铁交通科技大揭秘——了解盾构机原理、进行地质探索、认识地铁设备。

学生通过参观广州地铁博物馆了解城市轨道交通的发展历程和文化底蕴，并按要求完成研学任务；通过了解目前全国唯一以真实比例构建的盾构机模型，得知地铁隧道是如何进行挖掘的，并了解隧道内设备是如何运行的；探索地质秘密，通过真实还原溶洞地质层场景，触摸广州复杂的地质面貌，得知它的发展状况，直观了解地质与水文知识。

（3）空：了解中国航天枢纽的发展历程——模拟飞行体验、体验"时光隧道"、领会科技创新的意义。

学生通过飞行小课堂了解飞行知识，并在专业飞机师的讲解下，多角度认知航空体系，了解航空领域的分类；实地遥望机场各功能区划分，辨识航空公司常见机型，近距离观看飞机起降过程；探访"时光隧道"和传播丝路文化的"海天走廊"、岭南文化涂鸦墙，探讨文化自信以及传统文化的输出与传承、创新；化身"中国小机长"，结合AR技术和模拟飞行设备，通过模拟驾驶舱体验飞行，了解飞行员的工作内容；揭秘宇宙奥秘，了解我国航天发展成果，学生可以乘坐"华夏方舟"，并佩戴全景VR眼镜，模拟宇航员登月。

三、体验考察型

体验考察型研学旅行产品主要包括农场、实习基地、夏令营或团队拓展基地等资源。关于营地教育，美国营地协会1988年给出的定义是"一种在户外的，以团队生活为形式，并能够达到创造性、娱乐性和教育意义的持续体验"。雪松营的相关负责人认为：营地教育是引导孩子形成一种生活方式，而不单单是教授；孩子在放松时、脱离竞争环境时、认为自己自由时,才成长最快,才能够获得好的体验,才能够进行思考,进而与他人进行高效沟通与共创。

行业案例

大江大海影像研学——脚步行天下,镜头观世界

大江大海少年影像学院是由一群媒体人和纪录片工作者创立的专业影像研学旅行机构,其开办的大江大海影像创作营一开始就形成了独特的模式:以真实环境为课堂,以影像技能为工具,以作品成果为导向,行走历史现场,浸润文化情境,探寻文化遗产,完成原创作品。而纪录片拍摄,是探索、记录和传播的最好方式。影像叙事需要多方面的技能和素养。学生需要学习摄影、剪辑、文案、制作、传播等有关影像方面的技能,同时具备采访、写作、美术、音乐及思维、情感、审美、视野等多方面的素养,才能完成原创作品,实现自己的创作梦想。

在产品设计上,大江大海影像创作营一般分为以下三个单元。

第一单元为基础课程与练习,主要完成导演、摄影、航拍、编剧、剪辑等影像课程,从而掌握完整的影像基本技能。

第二单元为实地拍摄,学生根据选题进行组队,每2—5人组成一个摄制组,分工担任导演、摄影、剪辑、文案等职位,合作进行拍摄和剪辑,完成个人或集体作品。

第三个单元为展映传播。结营时举办作品展映会,除教师、学生之外,还可以邀请拍摄对象、当地父老乡亲、同龄志愿者一同观看和点评,以作品回馈当地居民。营期结束后,教师还会指导学生将作品放在哔哩哔哩(B站)和爱奇艺、优酷、腾讯视频等网络平台进行传播,并参加国内外各种影像节展,在更大的平台上接受成果检验。

同时,大江大海影像创作营还将研学旅行与公益结合,通过设置奖学金招募当地青少年志愿者。这些志愿者们为当地民族文化代言,导览自己的家乡和文化,为来自全国各地的同龄人担任翻译和向导,并与学员们一起学习影像技能,共同进行作品创作。

在初步实践阶段的前三年中,学生们创作了近百部纪录短片,在拍摄现场或回到学校进行展映,并参与了丝路国家青少年国际摄影大展、世界游牧短片展等国际性影像节展,获得了多项荣誉。

贝拉小镇——大型青少年素质教育亲子生态小镇

贝拉小镇位于湖南长沙,重点开发无动力乐园与课程相结合的研学旅行产品,是以青少年素质教育为主线,集IP理念、无动力训练教育、生活素质教育、社会认知教育、体验教育、自然教育、艺术教育、休闲度假等多种业态于一体的大型青少年素质教育亲子生态小镇。

贝拉小镇内有九大主题性的无动力游乐、训练园区：探索飞行、智慧山谷、勇气滑道、攀爬接力、全员加速、森林穿越、最强大脑、鱼跃蓝天、集盒空间，约3万平方米，共配置了70余种先进的、具有青少年素质训练价值的无动力设备，通过一些游玩、训练项目，锻炼青少年的逻辑思维和接受挑战的勇气，提升青少年的沟通能力、组织能力和协作能力，打造了一个主题鲜明、寓教于乐的大型青少年素质教育亲子乐园[①]。

雪松营——"教育即生活，生活即教育"

雪松营（CEDAR）是中国营地教育先锋品牌，成立于2008年，率先提出"候鸟营地"概念，并拥有独立的候鸟营地（Migratory Birds Camp，MBC）教育管理体系。雪松营希望打破家庭、学校、社会与自然的次元壁，重构一个以孩子为中心、家长与社会力量共同参与的第五维空间，以独创的候鸟周末、候鸟课堂、候鸟学校（在地或跨境）为主要形式，实现青少年全年参与。随着"双减"政策的出台，雪松营也在探索研学与营地教育的融合。研学与营地教育服务的对象都是青少年群体，但研学是课程化的，而营地教育是生活化的；研学分年龄段，而营地教育是可以混营的。研学与营地教育既有各自独立行程，又有混龄的项目，可以实现思维的跃迁。因此，雪松营通过尝试"研学＋营地教育"混龄式的教育方式，打造更放松的、有着混龄社交的研学。研学与营地教育的本质是相似的，"教育即生活，生活即教育"，均是要寓教于乐的，当教育融入生活，成为一种持久的文化时，青少年的成长便会更加令人期待了。

四、文化康乐型

文化康乐型研学旅行产品多与其他类型产品共同出现，主要包括各类主题公园、娱乐影视城等资源。

《又见敦煌》——打造甘肃文化旅游新名片

《又见敦煌》是西北首部室内情景体验剧，该剧采用"流线式"空间体验方式演出，以"穿越"为指导思想，选取敦煌历史中六个典型的人物以及五个典型的场景构成故事的主脉络，划破岁月的时空，拉近历史的距离，带领观众以行进的观赏方式了解敦煌千年的历史故事。在迷宫式的剧场中，设置了罕见的超大型联动舞台机械装置、3D影像装置、移动巨幕装置，许多特技效果均属首创，引领观众进入壮观、瑰丽的幻境。

---

① 资料来源：贝拉小镇官网。

《又见敦煌》情景剧是在尊重历史、尊重学术的前提下策划的,也为来敦的游客普及了敦煌的文化历史背景。在这里,观众不再只是看客,而是参与了演出的全过程,感受情景交融、身临其境的精彩演出。

(1) 出品方:甘肃四库文化发展集团有限公司。

(2) 导演:王潮歌。

(3) 项目目标:以艺术的形式展示"一带一路"建设和平合作、开放包容、互学互鉴、互利共赢的"丝路精神";体现敦煌在国家"一带一路"倡议中的文化地位,把敦煌承载的昌盛千年的中华文明传递到全世界。

美的·鹭湖茶文化研学基地

美的鹭湖森林度假区是美的置业首个中国特色旅居度假小镇,占地 6800 亩,是由美的置业斥 300 亿巨资按国家 5A 级景区标准打造的,集 15 项大型高端度假配套设施于一身的"投资+养生"综合型小镇。其区域内有川茶场,至今已有 70 余年历史,前身是始建于 1951 年的国营高明县机械茶叶示范场,曾是珠江三角洲范围内极为高产的茶场。美的置业保留了茶场原有的主体结构,并在其基础上将其重新打造成了茶文化主题文旅小镇,为川茶场重新注入活力,另外配套 800 间拥有五星标准的学生营房,可以容纳近 2000 名学生。

美的·鹭湖茶文化研学基地主要承接学生研学旅行、冬夏令营、亲子游、户外拓展等。美的·鹭湖茶文化研学基地一天可接待学生 1000 人,目前已形成佛山美的鹭湖茶文化研学课程、佛山美的鹭湖探索王国、劳动教育等系列课程。

将研学教育融入地产项目,既可以满足商业需求,又可以根据场地实景开展亲子研学教育,这样一个开放式的、具有多元化场景的特色研学体系,将比传统应试教育的"填鸭式教学"更生动有趣,让孩子记忆更深刻,这也是家长所喜闻乐见的。地产应打造相关文旅产品,从轻量化创新模式的角度,将自身改造成研学营地产业链模式,这也是对文旅资源教育属性中的溢价空间的探索。

研学旅行与地产项目的结合,实现了规模与配套设施的"高大上",但终究还是要回到研学实践教育目标,依托现有基地资源,探索并形成布局合理、主题特色鲜明、富有教育功能的营地教育项目,特别是要符合当地政策下的基地准入标准、退出机制和评价体系,并进一步完善项目配套条件。

五、励志拓展型

励志拓展型研学旅行产品的技能拓展主要分为水上、海外、场地三种类型,充分利用了红色教育基地、大学校园、国防教育基地、军营等资源。

韶山毛泽东同志纪念馆红色实践教育

2017年11月22日，教育部网站正式公布了《关于第一批全国中小学生研学实践教育项目评议结果的公示》，韶山毛泽东同志纪念馆作为国家文物局推荐的湖南省内唯一一家实践教育基地，成功入选首批"全国中小学生研学实践教育基地"。

韶山是毛泽东同志的故乡，在发展研学旅行方面具有得天独厚的资源优势。2018年，时任湖南省韶山管理局副巡视员的萧国梁介绍道，韶山毛泽东同志纪念馆是全国唯一一家系统展示毛泽东生平业绩、思想和人格风范的专题性纪念馆，同时也是全国优秀爱国主义教育示范基地、全国廉政教育基地、国家一级博物馆、全国公共文化设施开展学雷锋志愿服务首批示范单位。馆内爱国主义教育内容丰富、体系完整，现常设基本陈列和专题展览10余个。

2018年以来，韶山毛泽东同志纪念馆将研学旅行作为中小学生理想信念教育、爱国主义教育、革命传统教育、国情教育、学科实践教育的重要载体，依托独有的红色教育资源，结合学生身心特点、接受能力和实际需要，开发了励志修身体验、情景演绎、立志成才礼等多种主题活动课程。研学旅行课程形式多样、主题鲜明、特色突出，涵盖了历史、文化、体验等多种类型。

韶山毛泽东同志纪念馆依托毛泽东同志故居、南岸私塾、毛泽东广场、毛氏宗祠等重要红色资源，以毛泽东文化为主线，打造红色研学旅行景观带，壮大并丰富了纪念馆研学旅行的规模。同时，综合小学、初中、高中不同学段的课程特点和研学旅行目标，对各主题课程分别设计了不同学段的课件，如在励志修身体验课程中，针对小学生设计了培养其读书兴趣的"学习毛主席：好读书、读好书"课件；针对初中生设计了有助于其养成团结互助品质的"学习毛主席：团结就是力量"课件；针对高中生设计了"学习毛主席：选好人生路"课件等。

孩子们在韶山核心景区内，可以沿着毛泽东广场一路前行，在毛泽东铜像前敬献花篮；走进毛泽东同志纪念馆和毛泽东同志故居，通过文物和图片，了解毛泽东同志的一生；在南岸私塾前参加研学体验礼，通过南岸私塾这个特殊的地方，牢牢记住毛泽东的勤学苦读、勇于探索、尊师重道、善思善行的美好品质。

到底应该如何开展红色研学旅行？如何才能让孩子们获得共情的体验？

从实践操作层面，有以下几个方面需要注意：一是红色研学旅行产品需要突破场景体验，很多现有红色研学旅行产品虽然形式新颖，但未能触及学生内心，这就需要场景的复原，借助一定虚拟技术与智能场景，模拟故事体验。二是从不同学科的角度去认知、领会红色精神内涵与价值，设计多样的研学旅行活动，丰富研学旅行课程内容。三是红色研学旅行要注重引导学生热爱党、热爱国家、热爱社会主义制度，激发学生的民族自豪感和爱国之情，树立正确的情感态度与价值观；要融入情感教育功能，使研学旅行课程蕴含丰富的精神文化内涵，让学生深入了解党的光荣历史。四是联合革命文物保护单位、社会力量，共同开发研学旅行产品。此外，还要提升红色研学导师的素养。红色研学旅行对研学导师的要求比较高,要求研学导师不仅要具备丰富的红色文化知识,还需要在研学旅行中进行情感教育,让青少年深度体悟革命精神。

第四节 关于研学旅行深度融合的思考

研学旅行复合特征较明显地表现为教育产业、教育事业与旅游产业的深度融合,尤其是出现产业链上的深度融合趋势。因此,研学旅行产业上下游参与者应具备更多创新性思维,更深入地理解教育,更频繁地参与行业内活动,通过"头脑风暴",与教育产业链上的合作伙伴合作开发各种产品,为不同受众提供精神服务。要想呈现更具深度的研学旅行内容,进行更深度的创新产业融合,提供更好的研学旅行场景体验,以下六个层面至关重要。

一、主推"跨界融合"研学旅行产品开发

未来市场规模将进一步扩大,学校、培训机构、旅行社、研学旅行基地(营地)、研学旅行服务机构之间将会逐步实现跨界融合,研学旅行市场的分散度会再次降低,行业集中性会不断加强。例如,研学旅行基地开发研学旅行产品的过程就是在市场上构建新认知,利用"跨界融合"创意引爆市场,打造研学旅行产品品牌口碑,影响目标客群的心智。

二、科学设计研学旅行课程

2017年5月,经国家旅游局批准的《研学旅行服务规范》(LB/T 054—2016)行业标准正式实施,该文件提出应针对不同学段特点和教育目标设计研学旅行产品。这表明未来研学旅行课程的发展在内容上会更加倾向于课题的开发和研究,而且研学对象不仅限于中小学生,而是延伸到全年龄段,实现市场的进一步细分。产品设计可以从源头上入手,契合用户认知,具体做法可以是联合教育、旅游相关部门和当地居民开展研学旅行课程设计活动,根据地方中小学各年级的学情特点,设计出不同主题、不同时长、针对性强、质量高、特色鲜明的研学旅行课程。

三、优化研学供给体系

研学旅行活动是一个综合性较强的活动,因此,研学企业既要加强自身配套设施的升级,确保在配套服务方面满足不同研学群体的需要;也要加强自身网络宣传平台的搭建,与社会信息化发展接轨。

四、加强研学导师队伍建设

研学导师是在教育与旅游行业的融合下形成的产物；研学旅行基地必须把好研学导师关，研学导师的素养一定程度上决定了课程实施的质量。因此，应加强对带队研学导师的资格考评和监督，有针对性地开展专业的研学导师培训活动，建设自身的研学导师队伍，确保其能够提供优质的研学旅行服务。

五、注重品质，学旅兼顾

研学旅行要避免"只旅不学"和"只学不旅"的情况，要规范课程教学，合理设计动手体验和思考提升环节，真正做到"旅"与"学"的有机结合。学校或旅行社在组织研学旅行活动时一定要把握好"学"的严肃性和"旅"的休闲性，达到学旅兼得的效果。建议由教育管理部门和旅游管理部门联合完善研学旅行相关规范，以行业标准规范研学旅行的实施要点、操作流程、质量控制等事项，推动研学旅行的健康化、标准化发展。

六、建立研学旅行基地科学评价标准

研学旅行基地要通过建立科学的研学旅行评价标准和搭建意见反馈平台来获悉用户的真实感受，通过强化监督和评价，确保研学旅行基地的服务质量水准和研学旅行活动的质量。

未来研学旅行产品的跨界融合是主流趋势，打造科学的研学旅行课程是形成市场新认知的重中之重，优化研学供给体系是满足不同研学群体需求的必要因素，建设高品质的研学导师队伍是保证研学质量的关键因素，注重品质、学旅兼顾是研学旅行发展必由之路，研学旅行基地科学评价标准的建立是形成品牌认知的重要因素。

> **本章小结**　本章主要阐述了"研学＋"的主要模式及其经典案例，通过剖析相关案例，对如何通过高质量研学旅行产品来打造精品研学旅行基地、丰富研学旅行市场供给进行了说明。研学旅行行业，作为文旅行业向下延伸的一个新型业态，近年来受到大众热捧，更被纳入中小学教育教学计划。研学旅行承接了国家对于研学旅行政策的切口，是"旅游＋"概念下的新模式。研学旅行的体验性正在逐渐增强，呈现出"研学＋"的多元消费体结构。"研学＋"的创新模式还会持续发展，但是需要指出的是，基地是载体，内容是根本。研学旅行，作为新型旅游业态，它的发展离不开研学旅行基地的承载，更离不开创新内容的整合。

 **课后训练**

1. "研学+"创新模式的发展需要关注哪些层面的融合?
2. "研学+"的产品开发需要注意哪些要点?
3. "研学+"本身也是跨学科的融合学习,试列举出"研学+"案例并阐述其学科运用。

第八章
研学旅行市场营销调研

学习目标

1. 了解市场营销调研的类型与内容。
2. 理解针对不同研学旅行市场端的营销调研方法。
3. 尝试将市场营销调研理论灵活运用于研学旅行行业。

知识框架

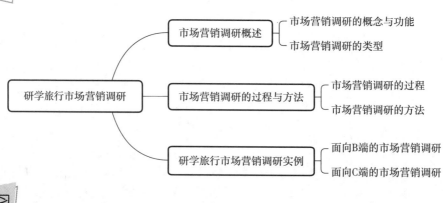

学习重点

1. 了解市场营销调研的一般方法与过程。
2. 了解研学旅行市场营销调研的类型与应用。
3. 了解研学旅行市场营销调研的方法。
4. 了解针对不同类型研学旅行市场的营销调研实践。

案例导入

1999年4月30日,美国南卡罗来纳州的一个大约有8000人口的小镇坎姆登,举行了由海尔集团投资了3000万美元的海尔生产中心的奠基仪式。一年多以后,第一台带有"美国制造"标签的海尔冰箱成功出产,海尔从此开启了在美国制造冰箱的历史,成为中国第一家在美国制造和销售产品的公司品牌。

分析思考:

1. 海尔为何会选择美国作为打开国际化市场的突破口?
2. 海尔在进军欧美市场前可能会做哪些调研工作?开展调研工作的方式有哪些?

第一节 市场营销调研概述

一、市场营销调研的概念与功能

市场营销调研是指通过系统地收集、记录、整理、分析和报告与相对应的市场、产品或者服务有关的市场营销信息,辨别各类问题与机会,提出和评价各种可能的市场营销活动方案,帮助决策者更好地制定管理决策的活动。简而言之,就是通过一系列规范化、标准化的活动来帮助做出决策的过程。市场营销调研本身强调通过研究提供系统且可靠的市场信息,因此调研方式的科学性与全面性必不可少。研学旅行市场本身刚刚起步,其又涉及政府部门、教育机构、学生、家长等各类主体,亟须做好市场营销调研工作,厘清消费者的需求与偏好。

市场营销调研通常具备三种功能,即描述功能、诊断功能和预测功能。描述功能是指通过搜集和分析相关信息资料,为决策者描述研学旅行内外部市场、消费者需求以及竞争对手等的相关状况,从本质上来说,是向决策者直接描述市场、消费者与企业自身的情况。诊断功能则更强调通过对某些信息和事实的解释、分析与比较,对企业的经营状况做出评价,帮助决策者采取进一步的行动。预测功能则是通过分析现状与发展变化的趋势,帮助企业对未来市场的发展情况做出正确的判断,以尽可能降低决策风险。近些年来,受新型疫情等现实条件的约束,研学旅行行业的各类企业或多或少都受到冲击,对企业内部的诊断与对市场的预测就显得尤为重要了。

二、市场营销调研的类型

(一)按研究内容划分

根据研究内容,市场营销调研可以分为市场需求容量调研、可控因素调研和不可控因素调研三大类。

市场需求容量调研的内容主要包括调研市场的最大需求量、最小需求量、潜在需求量,不同产品的市场需求的特点和差异,以及竞争对手的市场占有率等。

可控因素调研包括产品调研、定价调研、销售渠道调研、促销方式调研等。产品调研内容涵盖自身产品与竞争性产品的特性及市场反馈情况，以及产品结构、品牌商标、包装等；定价调研的内容包括产品价格的弹性需求情况、新老产品价格变动对销售量的影响，以及各类成本对定价的影响等；销售渠道调研的内容包括现有产品各类分销渠道的有效性、对中间商营销能力的评价以及用户对相关内容的反馈情况等；促销方式调研的内容包括人员推销、广告宣传以及其他宣传推销方式的有效性等。

不可控因素调研包括政治环境调研、经济发展情况调研、社会经济文化因素调研、技术发展状况及趋势调研，以及竞争对手调研等。政府出台的研学旅行政策会极大地影响研学旅行行业的发展。此外，各个地区之间以及不同家庭之间经济、文化水平的差异，将间接影响消费者对研学旅行产品的需求偏好，尤其体现在对产品内容与产品价格的接受度上。

（二）按研究目的与方法划分

根据研究目的与研究所采用的方法，市场营销调研又可以分为探测性调研、描述性调研、因果性调研和预测性调研四类。

探测性调研是对企业或者市场上目前仍不明确的问题进行调查，目的在于发现和明确问题所在及其本质，厘清与问题相关的外部环境因素，为后续的调研提供基础。这一类型的调研往往并不是指向得出某个具体的答案，而是希望获得更多关于问题本身的信息以及解决问题的思路。探测性调研往往会借助一些第二手资料，通过文献检索与经验调查来进行。比如，若是研学企业希望为学校提供全学段的研学旅行产品与出行方案，但目前还不清楚学校对研学旅行的期待是什么，那就要进行探测性调研，从而获得更多具有指向性的信息，如查询相关学段学生的学情以及相关政策的导向以获得对不同学段研学旅行产品的统整思路，便于推进下一步工作。

描述性调研是对市场上存在的客观情况如实地加以描述和反映，从中找出各种因素的内在联系，通常是为了描述某一类人群的特征或者某一些现象的特点。因此，描述性调研的目的是对某些事物进行比较精确的描述说明，这也就意味着它必须要有确定的目标。比如，当我们在推出不同的研学旅行产品时，往往需要调查消费者对不同类型产品的购买意愿，了解不同类型产品指向的消费者的特征。或许我们能够得到这样的结论：高端国际化的研学旅行产品总是能够吸引外国语学校的师生与家长为其买单，而适用范围广的研学旅行产品则会得到更多公立学校的青睐。这类的研究便是描述性调研。因此，描述性调研需要更多的信息资料。同时，与探测性调研相比，描述性调研还会使用一系列调研方法以获得第一手资料。

如果说描述性调研揭示了两个及以上的变量之间的相关性的话，那么因果性调研则更强调变量之间更直接的关联，试图明确问题中涉及的变量之间的因果关系。不同学校对高端研学旅行产品和普通研学旅行产品的接受度不同，如果研学企业希望进一步查明这种现象是否是由价格差异所导致的，即伴随着价格的提高，公立学校对研学旅行产品的接受度是否逐渐降低，那么就可以对此进行因果性调研，在控制其他变量不变的前提下，调整价格以验证猜想的正确性。实施因果性调研最主要的方法是实验。

预测性调研是指在描述性调研和因果性调研的基础上,对未来的市场需求与企业销售情况进行质和量两个方面的预测。这是企业制订各项计划的前提和保障,对企业的经营而言至关重要。如果能够通过调研获得研学旅行产品价格、需求量与学校层次之间的变量关系,就能利用回归方程来预测销量或定价。当然,现实的情况往往不会如此简单,各个变量之间的关系也尤为复杂,在研学旅行行业,消费者对产品的需求往往受到政策、产品价格、研学旅行天数、研学旅行目的地等因素的影响,因此,也需要将不同类型的调研进行关联,以确保考虑全面。

第二节 市场营销调研的过程与方法

一、市场营销调研的过程

若要确保市场营销调研能够取得预期的效果,就必须对市场营销调研的过程进行合理的计划并做到有效的实施。整体来说,市场营销调研的过程可以分为准备阶段、实施阶段和总结阶段三部分。各个阶段间必须有效衔接,确保目标明确、行动高效。

(一)市场营销调研准备阶段

市场营销调研准备阶段包括明确调研问题及目标,并在此基础上制订调研计划。调研人员首先需要根据决策者的要求或者根据在市场运营过程中所发现的情况和问题,提出明确的调研课题,确定调研目标,这是调研设计中最为关键的一步。在这一过程中,调研人员在最初梳理问题时必须要尽可能具体,然后针对问题初步搜集资料并进行分析,探测性调研往往在这一步发挥作用。最后才是确认调研目标,制定调研方案。调研方案中需要明确调研的目的、调研的对象、具体的调研步骤,调研的时间和费用等。

(二)市场营销调研实施阶段

市场营销调研实施阶段主要是根据调研方案,组织调研人员落实深入调研与资料搜集工作,一般而言,若是企业配备了专门的市场营销调研部门,则由该部门牵头主导进行;若是企业没有专职部门,往往由其他职能部门人员协同进行;此外,还可以直接委托专业机构实施调研,如专业的咨询机构。在人员选择上,鉴于营销调研是一项与市场相关的专业性工作,推荐由专业人员全程把控。在确认好调研人员之后,需要组织对调研人员的培训,确保其对调研目标、调研方法以及相关的法律法规事宜有明确的认知与了解。

在资料搜集阶段,最初搜集的是第二手资料,是指特定的调研人员按照原来的目的收集、整理的各种现成的资料,又称次级资料,如年鉴、报告、文件、期刊、文集、数据库、报表等。第二手资料能够帮助我们了解问题的状况,提供形成假设和寻找答案的思路。第二手资料的获取渠道多样,可以通过公司内部档案、国家政府机构官网、公共数据库等进行检索。同时,要对搜集到的第二手资料进行筛选,使其满足以下条件:具备可获得性,与调研主题相关,来源于官方且精确,具备时效性。只有满足这些条件的第二手资料才能在调研过程中发挥最大作用。尽管第二手资料的搜集方法较为便捷,时间成本也相对较低,但其本身并非为调研专门设定,所以总有不完善之处。因此,通过实地调研来获取第一手资料(原始资料)也必不可少。这就需要调研人员根据调研方案中的调研方式,在既定的调研时间对调研对象开展调研工作,从而获得与调研主题息息相关的第一手资料,这是调研所需资料的主要来源渠道。

(三)市场营销调研总结阶段

市场营销调研所收集的资料必须在进行了整理、编辑、分析和解释后,才能变成有用的资料。资料的整理和编辑是指通过整理、编码和制表等步骤将原始的资料转化为便于理解的内容,而分析和解释则是指运用统计分析方法将资料进一步加工,发现数据所反映的规律,最终将其转化为能够佐证结论的形式。数据分析首先使用描述性统计,而后根据调研目标选择更深入的方法。在处理资料的过程中,必须要注意所有的整理、编辑、分析和解释工作都要围绕调研目标展开,同时要客观公正地看待所有数据,区分观点与事实、原因与结果。

市场营销调研工作的最后环节往往需要出具相应的调研报告,这是一个将调研的目标、过程与成果整体化展示的环节。它既是对调研过程的整体总结,同时也是决策者做出最佳决策方案、制订合理计划的重要依据。因此,不论是在调研过程中所获得的资料,还是通过资料分析所得出的结论,都需要在调研报告中加以呈现。常见的调研报告结构包含标题页、封面、目录、内容概要、引言、调研方法、调研发现与结果、调研工作局限性、结论与建议、附录、参考书目等。同时,为了便于决策者理解,调研报告的内容既要着重强调调研目标与结论,做到理论联系实际;同时也要使用决策者容易理解的表述,尤其是简化对数据处理过程中所使用的专业方法的论述。

二、市场营销调研的方法

借助调研方法获得调研资料是市场营销调研过程中的重要环节。第二手资料的搜集主要通过查阅文献的方式;第一手资料的搜集主要通过询问调研法、观察调研法和实验调研法三种方式。

(一)询问调研法

询问调研法是指向被调研对象提出一系列规划好的问题,通过他们的回答来获得调研资料的一种调研方法。通过询问调研法,能够获得被调研对象对产品或服务的态度意向信息,因此是市场营销调研中应用最广泛的方法。根据调研人员和被调研对象之间交流方式的差异,可以将询问调研分为个人访谈调研、电话调研和问卷调研三种方式。个人访谈调研是指通过与被调研对象进行个别的面对面交谈来获取信息资料,一般可分为入户访谈调研与拦截式访谈调研两类,前者是与被调研对象约定在某地进行沟通,后者则是在广场、商店、学校门口等人流量较大的地方随机邀请对象进行访谈。电话调研主要以电话作为询问工具开展调研,及时性高。问卷调研以往通过邮寄的形式进行,伴随着互联网的发展,通过网络问卷进行调研的方式也越来越流行。此外,为保障回收问卷的有效性,问卷内容的设计强调科学性。

在研学旅行市场营销调研中,询问调研法也被广泛使用。比如,在某个研学旅行活动中,随机抽选参与者进行简单访谈,在活动结束后,通过发放满意度问卷了解家长及学生对研学旅行活动的满意度,以及对产品设计与活动实施的改进意见。不论采取何种询问调研方式,都需要尽可能避免抽样误差,确保样本具有代表性,从而能够提供精确、稳定的结果。同时,要做好对调研问题的前期整理与准备,个人访谈调研对调研人员的要求更高,若能够灵活应对被调研对象的各种反应,则会减少误差。

（二）观察调研法

观察调研法是指直接通过观察、记录被调研对象的行为或一定的现象来获得所需调研资料的方法。观察调研法非常强调如实记录所观察到的现象,因此,相对于询问调研法而言,观察调研法更为客观但所获得的调研资料受到的限制较大。在运用观察调研法的过程中,需要确保所观察的对象或场景是能够被观察的,且是重复的、经常会发生的,同时,发生的时间与频率是可以被记录的。观察调研法相对而言较为适合获取具有精确性的数据资料,如某地某时段的人流量数据、顾客在做出购买决策时的前置动作等。

观察调研法的类型多样,极为常用的是神秘购物者和痕迹观察法两类。前者是指公司指派调研人员假装成顾客进入本公司内部或者竞争对手公司进行观察调研,以收集数据信息,对调研人员的专业性要求较高;后者则是通过搜集顾客留下的痕迹信息来获得调研资料,如商店中的顾客意见登记本。在研学旅行市场营销调研中,由于研学旅行产品的实际买单者（家长）与活动参与者（学生）之间存在群体的差异性,因此对观察调研法的使用较少,大部分观察调研法的观察对象以学生为主,部分亲子研学产品的观察对象更为丰富。伴随着研学旅行行业的发展,行业内成熟的观察机制必将逐渐形成。

（三）实验调研法

实验调研法是指由专业人员采用一定的实验技术,研究某些变量之间相互关系的方法,聚焦于在特定环境下说明变量之间的因果关系以提供更为科学的决策支撑。实验调研的前提是确定研究变量与控制变量、自变量与因变量,为了减少误差的产生,对实验条件的要求也较为严格,一般可分为实验室试验、现场试验和计算机模拟试验三种类型。尽管实验调研法能够说明因果关系,但其操作难度较大,因此在研学旅行市场营销调研中,实验调研法的运用往往并不规范,更多应用于产品价格与产品销量的预测过程中,而且过程中变量较多,难以得出标准化的因果联系。

第三节 研学旅行市场营销调研实例

一、面向B端的市场营销调研

(一)面向渠道端的市场营销调研

一般而言,开展研学旅行业务的各营地、基地或旅行社机构,其客户主要来源于C端直客、学校或其他渠道,包含了旅行社、教培机构、媒体平台、社群机构等。虽然现在很多营地与基地既可以对接学校,直接获取研学旅行生源,也可以通过自己的媒体渠道直接进行客户招生以获得生源,但是中间渠道商作为一种批量的获客方式,在现阶段的作用仍是不可忽视的,主要表现在以下两个方面。

其一,在很多省(市),政府仍鼓励研学旅行由旅行社来承接。在实际业务开展中,学校也需要由旅行社来安排餐饮、住宿、景点、交通、研学导师等资源。并且很多学校因为之前的业务合作关系,以及其惯性思维,即使有新的选择,还是会选择信得过的旅行社或有资质的研学旅行机构作为其研学实践的承办方。

其二,目前研学旅行市场区域分隔仍然非常明显,很难直接跨区域销售。比如,陕西省的一所中学如果需要到浙江进行研学实践活动,一般很少会直接对接浙江省的研学旅行机构或营地、基地,而是会选择陕西省当地的旅行社作为承办方。那么浙江省的研学旅行机构或营地、基地若是想要这样的学校成为自己的客户,那么就应对接好陕西省的旅行社,将其作为自己的渠道方。另外,一些非直接研学类机构也有很多待转化生源,如一些媒体报社、教育培训机构、少年宫等。所以,开展面向渠道端的市场营销调研,对于很多营地、基地与旅行社等机构而言仍然是必要的。

1.面向渠道端的市场营销调研一般需要考虑的问题

对于渠道端的市场营销调研,一般需要考虑的问题有以下几类。

第一类,中间渠道商的优劣情况调研:我们可以从哪些中间渠道商那里获取生源?哪些是适合我们的中间渠道商?哪些是有效的中间渠道商?哪些是我们比较容易产生合作的中间渠道商?每个中间渠道商的开拓成本如何?每个中间渠道商的维护成本及收取的佣金如何?为了促成与中间渠道商的合作,我们需要提供哪些服务?

第二类,中间渠道商的生源情况调研:该中间渠道商的生源来自哪里?该中间渠道商的直接生源或者潜在生源是多少?这些生源的消费能力怎么样?生源与中间渠道商之间的关系是否稳定?这些生源的可转化率怎么样?比如,有些媒体报社每年都能稳定招收几万人次进行夏令营及周末营活动,而有些旅行社的生源非常不稳定,要依托好的产品及优惠的价格才能与学校谈成合作。

第三类,中间渠道商的现有合作情况调研:该中间渠道商现在已经和哪些研学旅行机构或营地、基地开展合作了?合作的情况怎么样?合作关系稳定吗?收取的渠道费用高吗？

第四类，中间渠道商的产品情况调研：中间渠道商的产品选择权在中间渠道商自己手上还是在生源手上？中间渠道商现阶段正在推广的产品以及历史上曾推广的产品有哪些？这些产品的价格、售卖情况怎么样？其中哪些产品是卖得好的？这些产品有哪些优势？我方能够提供的产品与中间渠道商的匹配度如何？中间渠道商愿意去推广我方的产品吗？

第五类，中间渠道商的未来业务发展情况调研：中间渠道商当下或未来对研学旅行板块的合作持什么态度？是否会有一些战略的调整，而这些调整会影响到其研学旅行市场的业务或者影响到与我方的合作？

第六类，中间渠道商的反馈情况调研（针对已经合作的中间渠道商）：中间渠道商是否在以合适的方式推广我方的产品？中间渠道商对我方的产品是否满意？中间渠道商对我方的产品有哪些改进建议与要求？其生源是否愿意购买我方的产品，以及为什么愿意购买或者不愿意购买？针对我方的产品改进，中间渠道商的生源有哪些建议与要求？

2. 面向渠道端的市场营销调研一般选用的方式

由于中间渠道商的特殊性，市场营销调研无法直接进行大规模的问卷调研或进行科学实验，一般采取询问调研法或者观察调研法的方式，对中间渠道商的关键人物进行现场访谈、电话调研、问卷调研，或者通过现场观察中间渠道商的一些市场活动，来获取所需要的信息。另外，对于合作关系较好的中间渠道商，还可以与其一起对该渠道的生源开展一些调研活动，进一步了解生源的真实情况与需求。

以一家在华东地区从事研学旅行工作的机构在2019年春季研学季结束后开展的一次调研为例。该机构自2018年12月起向位于南方市场的广东等地的具有稳定学校合作关系的旅行社推出了6款自主研发的研学旅行产品。2019年春季，共计有广州市第一中学、顺德勒流中学、东莞中学松山湖学校等9所学校超过3400人次的学生购买了该机构的研学旅行产品。本次调研主要是为了了解南方市场各旅行社渠道在2019年春季对其产品的推广销售情况，了解其产品及服务上的不足，指导其在秋季研学旅行产品及服务上进行改进，并对秋季研学旅行产品的销售情况进行预估而开展的。在经过内部人员多次讨论之后，形成了以下调研计划：

调研时间：2019年6—7月。

调研对象：广州、东莞、佛山、汕头4个城市25家大中旅行社的研学旅行板块负责人或其主要业务对接人员。

调研客户区域：广东的主要城市。

调研人员：产品部工作人员1名，市场部工作人员4名。

调研目的：调研各大旅行社渠道对该机构产品的推广情况，了解影响旅行社推广意愿及学校选择意愿的相关因素，为后续产品开发与定价过程提供帮助；了解各个旅行社的现状，确定其合作意愿，为制订销售计划提供支撑。

调研方法：针对第二手资料，借助现有文献及网络渠道收集被调研的旅行社渠道的整体的业务量、往年及当年春季整体的合作情况，以及与研学旅行相关的合作情况等基本信息；针对第一手资料，采用询问调研法，并配合少量的观察调研法开展调研。

以下为该次调研访谈的提问大纲。

调研访谈的提问大纲

1. 春季研学旅行产品整体的推广情况

(1) 贵社一般会以什么样的形式,由谁去向学校推广研学旅行产品?

(2) 在2019年春季,贵社总共去了多少所学校推广研学旅行产品,其中向多少所学校推广了我们的研学旅行产品?

(3) 您认为我们的研学旅行产品怎么样,您或者您的同事为什么愿意去推荐,或者为什么不愿意去推荐?

(4) 您觉得什么样的研学旅行产品会让你们非常愿意向学校去推荐?

(5) 我们需要对于研学旅行产品做出什么样的调整,才可能使您更愿意去向学校和您的其他客户推荐该产品?

2. 研学旅行产品的采用度与认可度

(1) 在您推广我们的研学旅行产品的过程中,有多少学校表示对我们的产品比较感兴趣?有多少学校确定选用了我们的产品?

(2) 有没有一些学校本来想要选用我们的研学旅行产品,但是因为一些其他的原因最后没有选用?这些原因是什么?

(3) 您觉得那些对我们的研学旅行产品不感兴趣的学校,是因为不喜欢浙江、江苏、上海这些目的地,还是觉得我们的产品不够具有吸引力?

(4) 能不能帮忙总结一下,学校认为我们的研学旅行产品有一些什么样的问题?我们应该怎么样改进才能获得更多被学校选用的机会?

3. 中间商渠道的整体规划与研学旅行板块投入

(1) 贵公司目前的主营业务方向有哪些?

(2) 研学旅行业务在贵公司的业务里占比多少,是主营业务方向吗?贵公司怎么看待这个业务?

(3) 贵公司现在研学旅行板块的同事有多少人?有哪些岗位?是不是全职在做研学旅行工作?他们大概有多少的精力分配在研学旅行业务上?

(4) 您觉得你们在研学旅行板块上的投入、产出比例高吗?

(5) 在接下来的秋季研学季,贵公司对于研学旅行板块的精力投入会有什么改变吗?

(6) 我们应该做出哪些调整来帮助贵公司在减少工作量的同时提高工作效率?

调研结果:在筛选的25家旅行社中,成功进行线下访谈的有17家,进行线上沟通的有4家,还有4家没有完成调研,有效样本为21个,具体内容见表8-1。

表 8-1 调研问题及高频次答案

调研问题	高频次答案
该研学旅行产品未被纳入推广计划的原因	①该研学旅行产品加入了一些参观创业公司、互联网公司等内容,这些不是学校去华东地区研学旅行的主要目的; ②该研学旅行产品虽然包装较好,但是对比华东地区其他的产品还是贵200—400元,缺乏市场; ③所有旅行社都没有推广过该研学旅行产品
该研学旅行产品被学校选用的原因	①该研学旅行产品新颖,比较吸引人; ②认同该研学旅行产品的教育理念; ③该研学旅行产品研学导师的配置较高
该研学旅行产品未被学校选用的原因	①对该研学旅行产品的落地性、研学导师的指导能力提出了质疑; ②偏向于综合型的研学旅行产品,该产品太"专项"; ③该研学旅行产品价格较贵

从调研结果来看,在21家旅行社中,有10家将该机构的产品纳入了他们的研学旅行产品手册,由他们的门店或研学部销售推荐给学校;有5家通过制作海报、产品单页等形式向学校单独推荐该机构的产品;另外6家通过口头宣传的方式推荐该机构的产品,或没有正式向学校推荐。最终有4家旅行社与9所学校成功达成交易。这9所学校中,有4所学校是因为与旅行社长期的合作关系,相互信任,所以直接选用了该社的产品;另外5所学校是以竞标的形式,让家委会进行选择,从而确定了该社的产品。

对于中间渠道商的整体规划与投入,有4家旅行社因为自身业务规划的原因可能暂时不会发展研学旅行业务,其余17家均表示接下来会更大力发展研学旅行业务。同时,经过调研可以发现,广东提高了高中综合实践课程的学分,因此接下来旅行社渠道普遍更有信心去推广研学旅行产品。

调研复盘:本次调研基本按照计划完成了调研任务。在本次调研后,该机构及时进行了产品调整,升级了服务,并配合了市场推广活动。在2019年秋季,有更多的旅行社向学校推荐了该机构的产品,也有更多学校表示对该产品感兴趣。最终,该机构在南方市场的秋季研学营收也在春季的基础上提升了30%以上。

(二)面向学校端的市场营销调研案例

学校是研学旅行的重要主体,面向学校端的市场营销调研聚焦于获取学校对研学旅行产品的需求情况以及搜集学校对研学旅行产品的反馈,其调研对象涉及学校管理者、教师、学生及其家长等不同群体,因此其调研方式也较为多样。针对学校管理者的调研往往以访谈为主,针对教师、学生及其家长的调研则多以问卷形式展开。

以某机构针对高中学生到上海开展"国之重器,科创申城"主题研学旅行所做的调研为例,以下是该调研计划的具体内容。

调研时间:2019年9月。

调研对象:20所高中的研学旅行负责人。

调研客户区域:××区域。

调研目的：了解高中的研学旅行需求情况，及其对具体研学旅行产品线路方案的建议。

调研方法及过程：①研学旅行产品市场调研（询问调研法）。以访谈的形式拜访各所高中的研学旅行负责人，进行研学旅行产品市场调研，了解该校的研学旅行计划、对研学旅行产品的诉求、期望的研学旅行目的地及研学旅行目标等信息。根据访谈结果发现，学校研学旅行负责人对研学旅行产品的需求主要围绕"让学生拓宽眼界、见识现代科学技术、了解工业发展情况、提升安全意识及应急防护能力、接受高等学校励志教育"等研学旅行目标。进而确认上海为大部分被调研对象的首选研学旅行目的地，围绕上海科技馆、洋山深水港、上海交通大学、上海市公共安全教育实训基地等优质研学旅行基地资源，制定一条到上海的以"国之重器，科创申城"为主题的研学旅行线路。②研学旅行产品开发实地调研（实验调研法）。在初步完成研学旅行产品打造之后，组织相关学校代表人员到上海进行产品开发实地调研，主要调研该研学旅行线路及课程内容，通过模拟展示或体验研学旅行课程内容，获取学校研学旅行负责人对该研学旅行产品的认可，并针对调研反馈的问题进行有针对性的优化。

调研结果与应用：通过前期的调研访谈，获得明确的研学旅行产品诉求，进而针对客户的诉求来制定相应的研学旅行产品方案，为研学旅行产品后续在学校端的有效营销起到至关重要的作用。通过后续的实地实验调研，向客户展示出相关研学旅行产品方案的细节与品质，进一步提升客户对产品的认可度；同时将研学旅行产品在具体实施中可能存在的问题提前暴露出来，规避安全风险，进一步提升研学旅行项目的质量。通过调研以及反复修改完善研学旅行产品方案，最终该研学旅行产品获得了不少学校的认可，其研学旅行线路累计迎来了数万人次的学子从外地到上海开展研学旅行活动。

二、面向C端的市场营销调研

C端市场也被定义为散客市场，是泛研学及营地教育行业中比较难攻破的市场。产品定位是C端市场研学旅行产品的核心。清晰的产品定位、丰富的内容是抓住C端市场客户的重要前提，客户之间的口碑传播是该市场的重要获客渠道。因此，面向C端的市场营销调研通常由两部分组成：其一是在产品体验之前进行问卷调研，其二是在产品体验结束之后进行满意度调研，两者都以询问调研法中的问卷调研为主要形式。

在制定问卷的过程中，要充分考虑到研学旅行市场中产品使用者与付费者之间的差异，问卷的内容设计要充分考虑两类不同主体的独立反馈，以便回收更多有效信息。此外，在发放问卷的过程中，针对C端市场的问卷调研时间主要集中在节假日，地点可选择亲子家庭较为集中的图书馆、博物馆、少年宫等。如果研学旅行机构在市中心拥有自己的营地或者体验空间，则这些空间最适合作为C端客户市场营销调研场地。

（一）C端市场营销调研的核心——产品的定位

C端市场的研学旅行产品往往以夏令营、周末营为主，营员对于营期的运营来说处于至关重要的位置，营销是营期全年都应该进行的活动，也是营员和团队招募最直接的方式。在营销过程中,机构既要不断传递营会体验的一般性价值,也要呈现出自己的产品的具体内容,明确营期的定位。营销专家德怀特·朱森(Dwight Jewson)博士曾强调:最先进的营销策略始于定义"我们是谁"。营地应确保营期定位与目标客户有关联(或者对目标客户有吸引力),然后根据营期的定位进一步明确营期所要做的事情。

(二)C端市场营销调研的内容——客户的利益

客户的利益是研学旅行市场营销调研的重要考量。在C端市场中,研学旅行产品提供者需要分析自己能够给潜在客户带来的利益。针对特定的营期或营期的特定项目,这些基本价值或客户的利益会被逐一列举出来。潜在客户往往会将营期材料中所描述的客户的利益与其他产品的客户的利益进行比较。因此,在描述客户的利益时既要清楚、简洁,同时也要能够引起潜在客户的兴趣。夏令营营期服务的特征和客户的利益如图8-1所示。

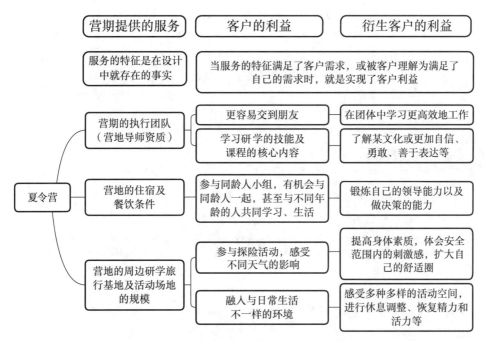

图8-1 夏令营营期服务的特征和客户的利益

马圭尔合伙教育咨询公司(Maguire Associates)在1990年做过一项调查,调查结果显示,最受家长青睐的营会的五个特点是友爱的辅导员、有趣的营会活动、较好的总体质量、安全,以及营会对每个营员都有充分的关注。

(三)C端市场营销调研的方法——问卷调研

在分析客户对所得利益的感知情况时,问卷调研往往是首选的方式。以问卷的形式对目前的营员及其家长进行调研,内容往往聚焦于其得到满足与未得到满足的地方。给营员分发调研问卷的时间节点也会影响调研效果。例如,如果在营员抵达之初对其分发调研问卷,或者在营期结束很长一段时间之后将电子版的调研问卷发送给营员,调研问卷的回收率和评估信息可能都不理想。C端市场营销的问卷调研需要在营期结束之后尽快完成,这样营员对营期印象还比较深,能够提供很多信息,此外,也不建议催促营员填写调研问卷。

在市场营销人员推进市场调研的同时,应该尽快更新当前的营销方式和营销材料,如微信公众号及小程序上产品的详情页等内容。应认真检查每一个环节——从网站信息、宣传册、宣传视频到营期资料及营销会议的时间安排,具体包括检查相关内容是否与目标群体相匹配、是否准确、是否具有吸引力,以及营期带来的客户利益是否易于识别。

> **本章小结**
>
> 市场营销调研本身是一项获取营销决策所需要信息的规范化方法与活动,具备完善的方法论与市场实践案例。作为新兴行业,研学旅行行业内关于市场营销调研的经验相对较少,同时,基于该行业的特殊性,针对不同消费者群体的营销调研策略也各有侧重。本章从研学旅行市场营销调研经典案例入手,融合相关专业理论,探讨专业的市场营销调研的方法和步骤,以期能够助力研学旅行市场营销调研的规范化与标准化。

课后训练

1. 研学旅行市场营销常用的调研方式有哪些?
2. 分析B端和C端市场营销调研的差异。
3. 尝试面向公办学校学生设计一份研学旅行产品需求调研问卷。

第九章
研学旅行市场营销计划制订与实施

学习目标

1. 了解市场营销计划的基本概念，熟悉其内容与制订步骤。
2. 掌握制订研学旅行市场营销计划的要点。
3. 掌握实施研学旅行市场营销计划的要点。

知识框架

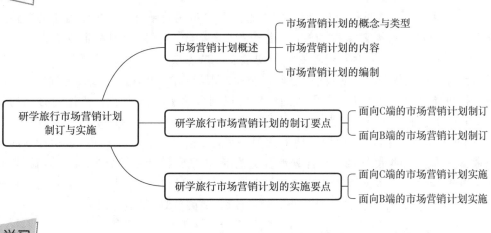

学习重点

1. 了解市场营销计划的内容与制订步骤。
2. 了解市场营销计划在研学旅行行业的应用。
3. 掌握不同研学旅行细分市场在制订与实施营销计划时的要点。

案例导入

2021年秋季，海亮研学邀请海亮教育集团旗下各个学校的校长共同参与了一场特殊的研学旅行活动——"校长大爱"。在这场活动中,海亮研学组织各个学校的校长以学生的身份,多维度、全方位感知研学旅行产品,如研学旅行课程、场地、执行等。此次活动获得校长们的一致好评,相关研学旅行产品也入选各个学校的研学旅行计划。

分析思考:

1. 海亮研学的"校长大爱"活动本质上是否属于市场营销活动?
2. 策划与实施研学旅行市场营销活动需要进行哪些方面的考量?

第一节 市场营销计划概述

一、市场营销计划的概念与类型

市场营销计划是市场营销过程中极为重要的环节之一。在借助市场营销调研对企业内外部环境进行整体分析之后,需要通过制订市场营销计划来确定科学的营销目标以及实现目标所需要采取的策略、措施和步骤。市场营销计划对企业而言意味着"正确地做事",可以帮助管理者更好地明确企业的发展方向,优先部署相关行动。市场营销计划的实施与过程追踪,能够确保企业的市场营销工作有条不紊地推进。

根据不同的划分标准,市场营销计划可以划分为不同的类型。按计划时期的长短,市场营销计划可分为长期计划、中期计划和短期计划。长期计划相当于纲领性文件,期限一般在5年以上;中期计划的期限一般在1年以上、5年及以下;短期计划的期限通常为1年,如年度计划。按计划涉及的范围,市场营销计划可分为总体营销计划和专项营销计划。总体营销计划是指企业市场营销活动的整体性计划;专项营销计划往往针对某一特殊产品或问题,如新产品营销计划、品牌计划、渠道计划等。

二、市场营销计划的内容

市场营销计划的内容主要包括三个部分:第一部分为现状分析,即描述企业目前的经营环境,这部分的内容主要由市场营销调研得出,回答"我们的位置在哪里"等问题;第二部分强调企业的未来发展目标,回答"我们要往何处去"等问题;第三部分明确实现这些目标所必须采取的具体行动,包括如何投入人力、物力、财力,如何实施与监管等。整体而言,市场营销计划需要明确预期目标,最直接的就是企业的预期经济效益,确保企业时刻围绕这一预期目标调整、落实各项行动方案,进而实现预期目标。同时,市场营销计划还需要明确实现计划所涉及的资源,帮助企业提前规划各项成本;提前规划各项行动,部署相关人员,并确保相关人员职责明确,从而更好地达成内部协同,使企业获得进一步发展。

具体来说,一份完整的市场营销计划主要由现状分析、营销目标、营销战略与行动计划、营销预算、营销控制组成。

(一)现状分析

现状分析主要研究企业目前所处的营销环境,聚焦于影响企业发展的关键要素,如市场、产品、竞争对手以及宏观环境因素等。首先要确定特定的目标市场的需要,挖掘现有的消费者和潜在的消费者的特点。在分析自身产品状况的同时,关注竞争对手的优势与劣势,帮助企业及时预测竞争对手的行动,更好地形成自身的竞争优势。同时,对宏观环境,即整体营销环境的关注也是必不可少的,了解政策的导向和社会经济文化发展的趋势有助于帮助企业更好地识别发展路径,对新技术的关注也有助于企业突破传统营销壁垒。在此基础上,对企业所面临的机会与风险进行更为详细的评估。

(二)营销目标

营销目标是企业市场营销计划的核心,营销目标的制定离不开对现状的分析。营销目标包括财务目标。财务目标是任务完成时必须实现的盈利性目标,由利润额、销售额、投资收益率等指标组成,财务目标必须转化为营销目标才能实现。营销目标由市场占有率、分销网点数目、价格水平等指标组成。营销目标的制定必须是明确、清晰的而不是模糊的,必须是一种在执行中可以测量的行动,同时也必须考虑到时间因素。在聚焦企业利润的同时,营销目标的制定也需要考虑到消费者与社会的利益,帮助企业更好地处理其中的关系。因此,企业的营销目标除了考虑直接营销利润维度,还需要将未来一段时间内企业形象的增值、探索和积累营销经验以构建最佳营销体系纳入其中。

(三)营销战略与行动计划

为了实现营销目标,必须制定营销战略与相应的行动计划。营销战略指向广义的行动,要明确企业营销的目标市场并做出选择,确定市场定位与产品渠道、定价和促销等策略。行动计划是指为各种营销战略的实施制定的细化方案,确定做什么、什么时候做、由谁来做、成本大概是多少。整个行动计划推荐以列表的形式呈现,明确每个步骤的起止时间、任务要求、负责人员、成本、营销费用等。营销战略与行动计划相辅相成,共同保障营销目标的贯彻执行。

(四)营销预算

营销预算是指在执行市场营销战略时所需的最适量的预算以及各个市场营销计划的预算分配。营销预算是营销目标与营销战略的细化,应当直接表现出为营销战略服务的特征,同时其也是协调各个部门工作的重要依据。营销预算可体现为一张实质性的预计损益表,在收益栏预计营销收入的总额,在支出栏预计涉及各项成本及营销费用的支出总额,最后得出预计利润。营销预算也是公司评价营销部门工作绩效的标准与依据。

（五）营销控制

营销控制是指对市场营销计划进行检查和控制，主要用来监督市场营销计划的进程，确保市场营销计划进度合理、成效可视化。为了保证营销控制工作的落实，要对营销目标和营销预算进行阶段性分解，确保每一阶段的进度有据可循。一般来说，一旦发现某阶段市场营销计划未完成，需要第一时间分析原因并提出改进举措，保障市场营销计划的营销目标能够实现。因此，要明确营销控制的工作程序，落实监督机制。

三、市场营销计划的编制

（一）市场营销计划编制的原则

合理地编制市场营销计划是企业实现营销目标的重要保障。在编制市场营销计划时，企业需要遵循以下三大原则：其一是要始终以企业的总体营销目标为基本出发点，以消费者为中心，确保大方向不偏离；其二是要充分考虑企业的内外部环境，做好市场营销调研与现状分析，明确企业所面临的机会与风险，若是缺乏对内外部环境的重要信息的调研，会导致营销战略的短视，造成营销目标的偏差；其三是市场营销计划中的营销战略与行动计划必须要明确、具体，具有可落地性，并能够通过营销控制进行有效的监督与反馈。

（二）市场营销计划编制的步骤

一般而言，市场营销计划的编制包含以下步骤：首先，通过市场营销调研进行现状分析，确定营销目标，为具体的后续程序指明方向，这一阶段往往需要由决策者对营销目标进行确认，保障市场营销计划的营销战略和营销目标切实可行；其次，进行市场营销计划草案的编制，这一过程涉及多部门间的协同，需确保市场营销计划中的任务具体、明确，在草案编制完成后，将其交由相关部门进行讨论，若有异议则需要在规定时间内进行修改；最后，在正式市场营销计划完成编制后，组织企业内部有序执行，并落实各项营销控制措施，确保营销目标的实现。

第二节　研学旅行市场营销计划的制订要点

研学旅行市场营销计划的制订，要充分考虑到研学旅行行业的特殊性：研学旅行产品实际体验者是中小学生，购买研学旅行产品的决策方与付费方是家长，学校会参与研学旅行产品、供应商的选择及执行过程的监督。此外，在实际市场营销过程中，往往还要考虑中间渠道商的参与情况。因此，研学旅行市场营销计划的制订应充分考虑到该研学旅行项目相关人员的需求和关注点。一般情况下，学生作为用户群体，主要看重研学旅行产品的趣味性、可玩性；家长更关注研学旅行产品的性价比、安全性；学校主要关注研学旅行产品的安全性、教育性；中间渠道商主要关注研学旅行产品的利润率及好评度。

一、面向C端的市场营销计划制订

面向C端市场制订营销计划需要分析现有的消费者群体，调查产品所服务区域的人口统计信息，了解同类的竞争项目，评估现有的市场营销和服务情况，这些是制订市场营销计划的基础信息，相关负责人需要邀请执行计划的工作人员和管理层成员，甚至是相关消费者作为咨询角色共同参与。

在制订市场营销计划时，首先要再次检查营销信息，明确信息传播对象。回顾整体的营销目标和定位，明确定位是制订市场营销计划关键的一步。有些产品的定位是综合性的，旨在让参与者体验不同的项目，而有些产品的定位可能是专门服务某个细分市场。如果产品服务不同的群体，关于产品定位的信息可能需要通过不同的方式进行传递，对于不同的群体往往采取不同的营销工具。当前市场上，大多数研学企业都感到仅使用传统的产品宣传册是不够的，还需要开发其他营销工具，如将网站、视频平台等作为主要的营销工具触及目标群体。不管采用哪一种营销工具，重要的是确保营销信息是直接指向目标群体的，并且在传递产品使命、预期成果、产品定位过程中保持信息的一致性。

一些研学旅行机构为了节约成本，常常会把所有信息整合到一本宣传册里，但是这种方式是否能针对使用同一设施的不同群体（如夏令营营员、家长、租用方、周末项目客户、日间营会营员、住宿营会营员等）进行有效的营销信息传递，还有待商榷。用同样的信息向不同群体进行营销，其实是会让对方困惑的。所以，最好的方式是根据不同目标群体设计特定的宣传册，相关营销信息具有针对性。此外，针对不同的目标群体，在研学旅行产品相关网站首页上应该有明显、清楚的相应板块链接（如针对学员的、针对学员家长的、针对工作人员的等）。

此外，应反思现在所使用的营销工具与其他公司是否有相似之处，并进行比较，进而确定接下来要使用的营销工具。营销工具基本上分为四种：个体互动营销、材料营销、广告营销和公共营销。综合使用这四种营销工具可以平衡各工具的优劣势。

二、面向B端的市场营销计划制订

面向B端市场制订营销计划时，既应关注需求，也要对目标市场及消费者进行细分。针对不同的区域须采用差异化的市场营销计划，以应对不同区域不同的政策要求和市场情况。比如，对于研学旅行政策比较明朗、政府比较支持研学旅行发展的区域，市场营销计划可侧重于学校端，以获取批量的学期内研学旅行订单机会；对于研学旅行政策不明朗、政府支持力度不够的区域，市场营销计划可侧重于渠道端，利用中间渠道商的资源优势，优先推广夏令营、周末营等类型的研学旅行产品。对于同一区域研学旅行市场的不同类型的消费者群体，也需要分别制订市场营销计划，如公办学校的研学旅行市场营销须侧重于研学旅行产品的性价比、教育性，而民办学校的研学旅行

拓展阅读

海亮研学"学校课程体系打造"市场营销(推广)计划

市场营销须侧重于研学旅行产品的特色、趣味性。

针对B端市场，尤其是学期内批量组织的研学旅行活动，其市场营销计划应将产品结构列为重点营销内容。体系化的、专业性的产品结构有助于提升学校对研学旅行产品的认可度，同时也有助于跟学校建立长期、持续的合作关系，为学校和各年段学生提供阶梯式、成长性的研学旅行课程服务。

各种类型的营销渠道也是制订B端市场营销计划时需要重点关注的对象。研学旅行市场营销渠道主要包括具备适龄生源的培训机构，自身具备流量的景区、场馆、基地等，长期与学校合作的工程、设备、教辅、后勤等项目的公司。针对不同类型的营销渠道制订市场营销计划时的侧重点各不相同。对于培训机构类的营销渠道，其市场营销计划应重点考虑研学旅行产品与渠道方的内容关联程度，多数情况下需定制符合渠道方的用户群体的产品方案，才能将参与培训的学生顺利转化为研学旅行项目的用户，同时帮助培训机构增加客户黏度及营收利润。对于景区、场馆、基地类的营销渠道，其市场营销计划应重点解决如何说服渠道方引流以及具体如何引流的问题，一般可从流量资源互换、定制开发课程等方向展开谈判。对于拥有学校资源的公司类的营销渠道，其市场营销计划应重点突出研学旅行产品的独特优势、执行团队的专业性，免除渠道方的后顾之忧，同时就研学旅行项目的利润空间和合作模式进行详细阐释。

此外，面向B端的市场营销计划须提前规划价格策略。具体包括两个方面：其一，应按照区域、产品线构建整体营销价格体系，尽量确保同一产品在同一区域采用同一个价格体系。其二，针对渠道方的价格体系也应提前统一规划，尽量确保同一产品系列以大体相同的价格水平给到同类型的中间渠道商，并且给出市场指导价格，避免出现过高或过低的终端成交价格。如果个别渠道方期望以较高的终端价格成交，那么一定要对常规渠道的产品进行单独定制、改进以示区别，从而保障整个渠道的市场价格体系的稳定性。

第三节　研学旅行市场营销计划的实施要点

市场营销计划的执行，是指将市场营销计划转变为具体任务，并保证按照计划实现目标的过程，需要解决"谁""何时""何地""如何做"等问题。实施市场营销计划，首先要考虑计划的可落地性，完成从计划到执行的过渡。

在研学旅行市场营销计划执行过程中，首先，要将计划转化为任务，要明确在计划的各个阶段，有哪些任务是需要完成的，确定是谁在何时何地如何去做，达成什么样的目标，如此一来便可以完成这个任务。最好是成立项目小组，由项目经理来梳理、分解整个项目的目标，配置合适的人员、分解具体的任务、管控整个项目的进度。

其次，要为执行这些任务提供必要的保障，主要包括人员保障、资源保障、过程管控。人员保障是指要根据需求来配置足够且合适的人员，并保障这些人员有足够的时间去完成任务。资源保障是指一个重要的市场营销项目一定要有公司决策者作为主要保障者,从而在遇到问题时可以及时向其寻求帮助、获得资源。过程管控是指每周或者以合适的时间单位召开项目会议,及时了解各板块的工作进度,避免出现目标、进度、方向上的偏离,如果发现问题,一定要及时调整。

最后,要及时复盘总结,分析总结此次市场营销活动中做得好与不好的地方,并进行归档整理,为下一次的市场营销活动提供经验。

一、面向C端的市场营销计划实施

基于C端产品的特殊性,C端市场的营销计划实施往往与研学旅行机构的产品排期紧密相关,或者说其实C端市场的营销计划和整体机构的营期安排几乎是相同的时间进度。实际上,大多情形下是根据市场的情况,直接确定一个营期活动的时间安排。

(一)C端市场营销活动发布渠道

目前国内外市场上出现的营销活动的分类大致相同,包含但不限于:老营员回归日、营员聚会、营地的周末营活动、营期家庭日及营员家庭聚会、电话直销活动、营期代表团招募、体验营邀请等。而发布市场营销活动及产品消息的渠道也无外乎以下形式:分发宣传册及单页、老营员推荐、网络短视频的传播、打造新闻故事等。

1.老营员回归日

除了一些特别的情况,C端营期的最主要生源是往期营员。大部分的营期对于往期营员的依赖度很高,家长的复购率也是衡量营会品质的重要指标。《中国营地教育行业报告2018》显示,营地教育行业产品平均复购率为49%。很显然,往期营员的二次报名比例越低,营长面临的招生任务就越艰巨;招募新营员往往需要更多的时间、精力和金钱。

因此,营长首先要做的就是关注往期营员,提前将夏季营会安排、具体日期、特别项目通过发布微信公众号推文等形式发给营员是很重要的一步。如果有往期营员报名,后续的网站信息和营期推文等在内容上也可以对此有所体现。很多营会发现,定期向营员及其家长发送简报或营期故事是非常好的保持联系的方式,可以巩固与营员的情感联系并促进其进行二次报名。其中尤其要注意,在内容上应涉及执行导师的出镜照片或相关文字内容。定期发送的资料不需要花费很多成本,但是要具有感召力且有趣,可以提到往期营员的名字,呈现往期营会的照片及相关美好回忆。此外,有些营地公司还建立了公众号聊天室、公告板和博客等,让营员在营会之外也能始终保持联系。建立线上社区是有效且低成本的帮助所有对营期感兴趣的人保持联络、创造联系和维护信息的方式。

2.营员聚会

营员聚会常常可以唤起往期营员和营地导师对营期的热情。每年可以举办营员聚会,一起回顾营期里的故事,翻看照片和视频,回忆曾经在营期里获得的快乐。营员聚会一般都含有与营期导师互动和往期营会图片或视频资料呈现这两个要素。这样的营员聚会可以让营员回忆起之前在营期的愉快经历,并且巩固营员之间的联络。营地公司应该要准备好下一期营会的资料,并带到营员聚会上,做好下一期营会的报名准备。

如果绝大多数的营员来自不同的省(市)甚至国家,机构可以举行区域性的营员聚会,这样的聚会规模会更大,会让营员感到更兴奋,也能给营员和工作人员提供更多的社交机会。区域性的营员聚会可以让营长和营员获得更多个人性质的接触,也更容易邀请对营会感兴趣的潜在营员和家长。聚会上可以邀请往期营员推荐一些新营员(或工作人员),聚会之后可以继续跟进。有些营会在聚会之前就鼓励营员和工作人员带朋友一起参加。

有些研学公司的网站或者视频号上会播放某个营期的幻灯片,内容包含相关图片、视频以及营员评论,这其实也可以作为一种"视觉性营员聚会",那些离其他营员很远的营员仍然可以通过这些信息回想起自己的营期经历。往期营员也可以利用网站与朋友分享图片和自己的营会经历,这样也可以减去与朋友协调时间来营地参观所带来的不便。

3.营地的周末营活动

如果营地与市中心不远,营长可以在夏令营营期以外的季节组织公众活动,如秋季、冬季和春季。不论是组织来营地一日游活动、露营活动还是周末远足活动,营地都能找到合适的机会介绍夏天的营期项目。如果组织活动时正好有租用方在营地举办活动,营地就可以介绍公司将在夏天举办的对个人开放的营期项目。此外,营长需要负责确认活动相关的照片和视频等资料。

市面上很多的泛研学和营地教育公司目前都处于一种轻资产投入的状况,这也就意味着很多公司的营地只有在营期使用时才属于这个营地品牌,但这种商业合作的形式不会影响机构针对C端客户开展的周末营活动。甚至针对周末的营期,即便是以品牌性营销作为主要的商业定位,同样可以根据课程体系来提供系列课程。这类课程的核心是抓住一些更为重要的客户利益,提供在一日或者短期内体验感更高且更具备深度课程内容的产品来作为市场营销计划的推进实践。这样面向C端市场的整体曝光度以及对品牌的展示能够更为系统,进而能够更好地发挥营销活动对于营地周末营活动的作用和价值。

(二)C端市场营销活动报名表设计要点

C端的市场营销活动常常会涉及向潜在消费者发放报名表。报名表是搜集消费者信息的重要载体,因此必须精心设计。可以根据报名表的存档方式及使用频率,决定使用卡片、一页纸、半页纸还是线上报名表。在确定表格格式时,还要考虑到表格信息是否要录入电脑转成电子文件。最重要的是,通过报名表搜集到的信息将是个人或团体参与者在数据库里的初始信息,因此要仔细斟酌哪些信息可能是将来会用到的。个人参与者需要填写的报名表信息可能包括:

① 地址(邮编信息透露出区域信息);
② 家庭电话和手机号码;
③ 电子邮箱;
④ 出生日期;

⑤ 性别;
⑥ 学校和年级(写明报名时所在年级或下一个秋季学期将要就读的年级);
⑦ 家长和监护人的姓名,以及紧急联系人的联系方式;
⑧ 每个家长及监护人的工作地址、电子邮箱和电话号码;
⑨ 身高和体重;
⑩ 宗教信仰(尤其是当该产品中安排了一些宗教活动时);
⑪ 希望和谁在同一个生活小组;
⑫ 从哪里了解到该产品的;
⑬ 参与者参加过的其他组织的项目或活动;
⑭ 需要留意的特殊需求,如身体、心理或精神上的特殊需求;
⑮ 之前的户外露营或营会经历;
⑯ 取消报名和退款政策。

通常,以上这些信息的后面还会附有家长或监护人的授权同意书,家长或监护人需要在这段授权信息后面签字,表明同意参与者参与本次营会并支付产品费用。对于成年参与者,只要求参与者签字,表明他/她会参加本期营会,并且支付费用。授权同意书中可能包括:

① 授权机构使用营员在营会期间的照片或视频;
② 如果营员符合地方或国家的资助条件,需要提供家庭收入声明;
③ 营员家庭或个人保险的保险人(当营会不营为员购买健康险和意外险时,或者家庭保险将作为营员的主要保险或第二保险时);
④ 医疗或手术授权声明(有些地方的医院把这项声明作为救护的必要条件);
⑤ 未成年人接送信息(注明除了父母以外,哪些人员可以来接孩子离开营地);
⑥ 饮食要求。

(三)C端市场营销计划的排期工具:甘特图(Gantt Chart)

甘特图(Gantt Chart)又称为横道图、条状图(Bar Chart),通过条状图来显示项目、进度,以及其他与时间相关的系统进展的内在关系随着时间推移发生的进展情况,以提出者亨利·劳伦斯·甘特(Henry Laurence Gantt)的名字命名。甘特图是机构从产品排期到市场营销计划排期所使用的极为合适的表格工具,可以让全公司员工在推进营期及市场营销工作中集中导师、市场、品牌、客服等方面的多部门的工作人员,保障所有人在同一个节奏上推进公司的工作计划。

二、面向B端的市场营销计划实施

面向B端的市场营销计划的实施,首先要考虑的是其对象的特殊性。其对象一般是B端机构的领导、负责人,乃至学校的校长,所以在执行人员、地点、时间的选择上要足够重视。其一,执行人员要有经验,或者至少要有足够的亲和力与应变能力。其二,可以选择逐一登门拜访或者邀约,若是要邀请对方参加活动,选择地点时一定要考虑到邀请对象的身份。其三,在时间上应安排妥当。比如,在拜访民办学校校长及教学主任的时候,应该避开期末,可以选择学期初、考试结束后一周,或者在学期中约定具体时间。

下面以海亮研学"学校课程体系打造"市场营销(推广)计划的落地实施为例,阐述面向B端的市场营销计划实施的要点。

1. 团队组建

因为海亮研学的"学校课程体系打造"市场营销(推广)计划涉及整个学期内的研学旅行业务,所以公司高度重视,采用项目管理的形式来推进该项目:由公司中具备项目管理经验的领导直接担任项目经理,将项目组分为产品组、课程组、品牌外化组、市场组、执行组,每组都确定了直接责任人,直接对项目经理负责。

其中,产品组的职责是完善海亮研学旅行课程体系,并为之准备产品、更新产品。课程组与产品组配合,完成由于课程体系调整而需要研发的课程与相应的教学环节。品牌外化组负责对产品组及课程组设计的产品与课程进行外化。市场组需要根据实际情况,先完成校长邀约,然后组建校长拜访团,完成校长拜访,之后建立长期联系,完成市场推广,达成交易。执行组则是在执行层面为产品组和课程组提供支持,包括提供实际信息,并为后续落地执行做好准备。

2. 计划拆分

项目经理在接到市场营销计划后,根据初步的市场营销计划,召集各组负责人,在经过三轮会议之后,确定整个项目的计划,并以甘特图的形式将所有计划进行细分,共有52项细分工作需要完成,每一项工作都有指定的负责人、监督人,以及最后完成时间和验收标准。

3. 执行保障与过程管理

首先,项目经理每周会召开一次项目会议,了解各项工作的开展情况,对比考查目标、方向、成果是否有偏离。如果有问题,项目经理会及时进行调整与补救,保障项目朝正确的方向开展以及进度的正常推进。其次,每一项工作都有责任人与监督人,保障项目的质量。最后,总经理作为项目的需求方,会定时听取项目经理的项目汇报,也会直接参与项目会议,及时发现大家的困难并在资源上提供帮助,这样也确保了项目成果与需求方的要求不产生偏差。

本章小结

在通过市场营销调研掌握整体研学旅行市场的需求与营销战略预期之后,便要围绕既定的营销目标制订市场营销计划以更好地实现目标。在这个过程中,针对不同的细分市场,具体的营销战略与行动计划的制订与实施有着不同的侧重点。本章结合市场营销计划的基本理论,探讨在研学旅行市场中面向不同市场群体制订与实施市场营销计划过程中的要点,以期能够助力研学旅行市场的整体发展。

 **课后训练**

1. 研学旅行市场营销计划的制订包含哪些步骤？
2. 针对B端和C端研学旅行市场，常见的营销活动分别有哪些？
3. 尝试设计一款面向C端的夏令营产品的市场营销计划。

第十章 研学旅行智慧营销平台应用探索

学习目标

1. 了解研学旅行智慧营销平台系统的构成。
2. 了解研学旅行智慧教具设计方法。
3. 熟悉研学旅行智慧评价系统设计方法。

知识框架

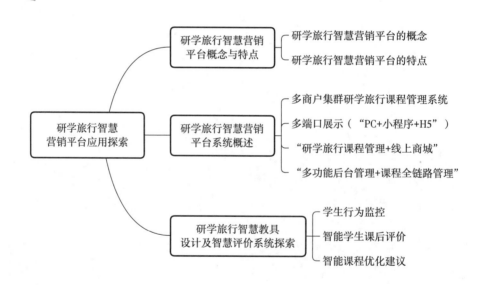

学习重点

1. 了解研学旅行智慧教具和智慧评价系统的设计方法。
2. 了解研学旅行智慧营销平台系统的构成。

第十章 研学旅行智慧营销平台应用探索

案例导入

2021年6月18日,阅羊教育创始人及CEO周林博士受河南省文化和旅游厅邀请,为河南省研学旅行专题培训班做"智慧研学营地体系构建"专题讲座。

周林博士首先解读了新高考改革的深远意义,以及对研学旅行行业的重要影响和现实要求。接着,周林博士分析了智慧研学营地体系构建的政策背景、社会意义和行业需求。之后,周林博士重点介绍了阅羊智能营地管理系统,包括七个层面、四套体系和十一套系统功能:

(1)七个层面:用户层、终端层、空间层、应用层、基础支撑层、数据资源层、基础设施层。

(2)四套体系:标准规范体系、安全保障体系、运行维护体系、数据分析体系。

(3)十一套系统功能:排课系统、研学评价系统、寝室管理系统、资产管理系统、考勤系统、基地管理系统、档案管理系统、活动资源管理系统、信息发布系统、中央资金管理系统、决策分析系统。

周林博士还介绍了阅羊智慧研学生态SaaS平台的主要架构。该平台可以免费为研学旅行机构提供专属的OMO(Online-Merge-Offline,线上线下融合)研学工具,提高课程专业度(免费提供匹配校内课程目标的、OMO模式的行前、行后专业课程),使研学旅行机构的服务和管理智能化,帮助研学旅机构走出低频薄利的困境。

该SaaS平台通过"三端"(导师端、家长端和PC管理端)帮助研学旅行机构提升课程质量与服务水平,提供高品质的行前、行后专业课程和个性化的研学旅行报告,让家长随时系统掌握精彩研学旅行动态;提升运营与操作效率,线路、行程、人员全部在线管理,分车、分房一键搞定,评价真正在研学旅行中落地;提升用户留存与转化,多家长触点构筑品牌信任,多形式留存激活用户,多方向用户转化更多收益。研学旅行机构可"十用"该平台:"前、中、后、展、评、安、分、监、管、赢"。

分析思考:

1.结合案例,思考研学旅行智慧营销平台需要具备哪些功能,其与实际研学旅行活动开展的各个环节是否可以进行匹配,并分享感想。

2.确认你所在城市是否有类似的研学旅行智慧营销平台?如果有,请在课堂上进行分享。

第一节　研学旅行智慧营销平台概念与特点

一、研学旅行智慧营销平台的概念

研学旅行智慧营销平台是针对研学旅行行业需求研发的一套集智慧研学、线上线下营销、在线服务、大数据管理于一体的智慧研学系统解决方案,运用互联网技术,为研学旅行运营管理提供技术支撑,将研学旅行基地(营地)基础设施、服务设施和课程进行数字化展示,同时优化研学旅行基地(营地)业务流程,利用计算机技术将研学旅行课程可视化;通过大数据技术改进研学旅行评估方式,在线实时记录学生的研学旅行情况、综合表现等。

二、研学旅行智慧营销平台的特点

1. 数字化的业务对象

研学旅行智慧营销平台的一大特征就是拥有丰富的数据记录,在业务流中存在的业务对象都会有一个实时且准确的数据库,如为研学旅行活动中所有的人(或组织)、物、事之间相互关联的业务对象建立数字记录,并将其建设为一个关系数据库,确保全行程可追溯,所有的业务数据都在一个平台上,可以被调用和写入。

2. 自动化的业务流程

研学旅行智慧营销平台的业务对象被数字化了,并且实现在线运行,将研学旅行流程中依赖人工的、重复的环节,包括订单处理、研学旅行场景描述等程序自动化,如研学旅行课程上下架、顾客订单驱动服务以及活动管理等都可以通过专门的应用功能来实现自动化。同时,线下通过软件与硬件的结合,实现运营过程的智能化,如售票、检票、播控等环节可以完全智能化,将人力成本控制到最低,确保研学企业运营提效增益。

3. 数据化的决策

研学旅行智慧营销平台决策数据化是一种标准化运营手段,数据化依赖平台大数据和云计算力为研学企业管理者提供决策支持,如课程研发投入的方向和规模、营销投入的选择、定价和佣金、投融资活动、运营质量问题归因以及人员招聘和干部任免等,利用大数据收集的信息能更加精确地预测市场动态,依靠数据化的决策能帮决策者提高成功概率,做出更好的市场判断。

第二节　研学旅行智慧营销平台系统概述

研学旅行智慧营销平台是针对研学旅行行业需求研发的一套集智慧研学、线上线

第十章 研学旅行智慧营销平台应用探索

下营销、在线服务、大数据管理于一体的智慧研学系统解决方案,利用云计算、物联网等新技术,通过互联网,借助网络终端,达到研学旅行前、研学旅行中、研学旅行后能够拓宽视野、丰富知识,加深与自然和文化的亲近感,增加对集体生活方式和社会公共道德的体验等,提升中小学生在食、住、行、游、研、学各个环节中的附加值,达到主动感知、信息互通、智能决策、主动推送的目的。宜昌营地智慧营销平台系统建设较具代表性,具体如图10-1所示。

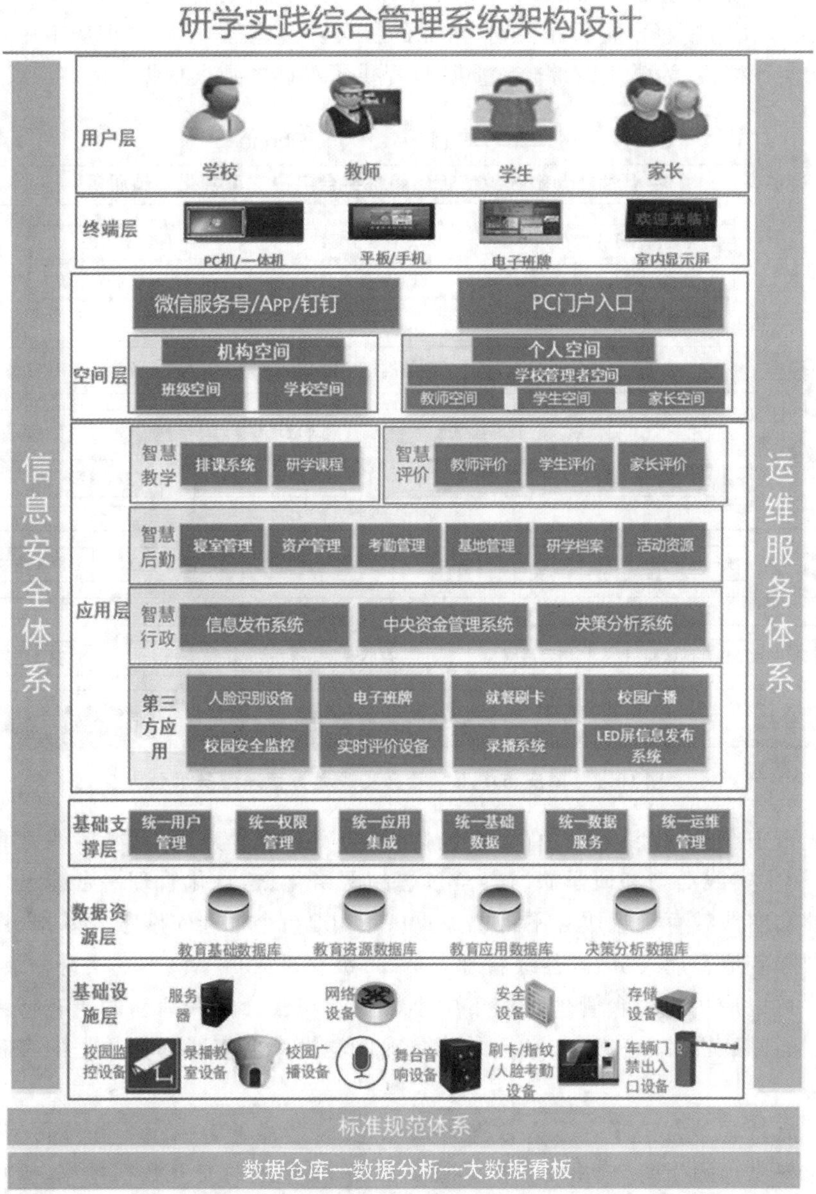

图10-1 宜昌营地智慧营销平台系统建设

研学旅行智慧营销平台的作用主要表现在三个层面:一是在行业端,将提高研学旅行行业的实力和影响力,提升研学旅行教育价值;二是在需求端,将优化中小学生研学旅行的体验感,让其感受到科技为研学旅行带来的便利,增加研学旅行的趣味性;三是在服务端,将增进研学企业与中间服务商的稳定合作,提升景区与研学旅行基地的宣传价值。研学旅行智慧营销平台将从四要素(智慧研学、电子营销、智能服务、业务管理)出发,通过四要素的协同运行,完成整体平台的框架搭建和具体运作。

以重庆市中小学社会实践教育管理服务平台(如图10-2所示)为例,该平台覆盖了重庆市各区县教育行政管理部门和各社会实践教育基地,连接了重庆市各中小学,实现了对重庆市中小学社会实践教育基地的课程管理、活动管理、评价管理、资源管理等,同时为重庆市中小学提供了及时、可靠的社会实践课程服务,为重庆市中小学生建立了社会实践档案,为学生的综合素质评价提供了准确的数据依据。

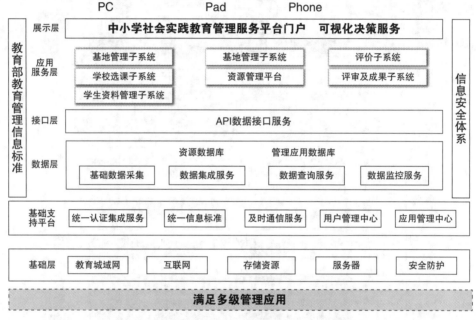

图10-2　重庆市中小学社会实践教育管理服务平台

重庆市中小学社会实践教育工作包括:社会实践课程建设,社会实践教育基地建设,中小学生实践活动和研学旅行等全过程的网络化、信息化管理平台建设。重庆市中小学社会实践教育管理服务平台覆盖重庆市400余个社会实践教育基地,用户包括学生、教师、基地管理人员、区县级管理人员、市级管理人员。该平台实现一级部署,五级应用。可以应用该平台管理重庆市中小学生参与社会实践活动的所有行为及相关数据(包括视频、图片、音频、文字记录等),确保学生社会实践活动数据的实时、真实、可靠。

研学旅行智慧营销平台以大数据为依托,支持产品的自由组合和预订,为出行及相关费用提供预测指南,推出用户研学社交产品,实现实时交互数据挖掘、旅行实时导航、旅行实时热点引导、研学旅行基地流量预测、研学商业服务推荐。研学旅行智慧营销平台系统的标配主要包括以下四点。

一、多商户集群研学旅行课程管理系统

研学旅行智慧营销平台通过区块链与AI技术,建立研学旅行大数据平台,构建与研学旅行基地、研学旅行机构、研学导师、用户信用建模、目的地智慧营销、订单预测、用户行为分析预测、二次消费引导及安全纠纷等相关的研学旅行大数据智能生态系统;支持"商家入驻+平台自营",满足多商户线上运营管理需求,如图10-3、图10-4所示。

图10-3　多营地支持(每个营地单独后台管理)

图10-4　营期报名订单管理

二、多端口展示（"PC+小程序+H5"）

研学旅行智慧营销平台采用框架开发,代码分离,设计简洁,一次开发,多端使用,支持小程序、H5、公众号等端口,如图10-5所示。

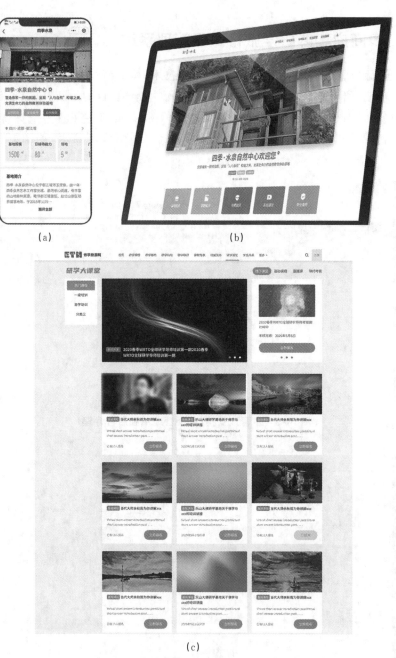

(a)　　　　　　　　　(b)

(c)

图 10-5　多端口展示

三、"研学旅行课程管理+线上商城"

研学旅行课程由研学旅行基地和研学旅行机构上传至研学旅行智慧营销平台,由学校指定管理人员进行课程选择;研学旅行基地可对学校所选课程进行审核;区县教委能及时查看、审核学校的选课方案;市教委可查看各区域、各研学旅行基地的选课、开课数据;家长可通过研学旅行课程线上商城进行统一采购,从而实现课程智能化管理,如图10-6所示。

第十章 研学旅行智慧营销平台应用探索

(a)

(b)

图 10-6 研学旅行课程线上管理与采购

四、"多功能后台管理+课程全链路管理"

通常我们只能看到一个网站的前台页面,只有拥有账号的站长才可以进入网站后台,那么网站后台管理系统都有哪些管理功能呢?

多功能后台管理系统包括三个方面:管理员管理,也称权限管理,可以新增管理员及修改管理员密码;数据库备份,为保证用户的数据安全而设计的数据库备份功能;上传文件管理,用以管理用户在增加产品时上传的图片及其他文件。

课程全链路管理包括以下几个方面,具体内容如图10-7所示。

图 10-7 课程全链路管理

(1) 财务管理：主要负责产品的新增、修改及其管理，以及产品的审核。资产管理板块的页面如图 10-8 所示。

图 10-8 资产管理

(2) 设置管理：可以在此修改企业的各类信息。角色管理板块的页面如图 10-9 所示。

(3) 资源管理：可以查看订单的详细信息及订单处理情况。

(4) 数据管理：可以查看修改、删除会员资料，具备锁定、解锁功能，还可在线与会员进行信息互动。具体数据分析板块的页面如图 10-10 所示。

(5) 课程管理：可以上传课程，完善研学旅行基地和研学旅行机构课程信息。

(6) 营销管理：管理信息反馈及用户留言。可在线回复已注册会员的用户的留言，对于未注册会员的用户的留言，可使用在线发信功能对其反馈的信息给予答复。营销中心板块的页面如图 10-11 所示。

第十章 研学旅行智慧营销平台应用探索

图 10-9　角色管理

图 10-10　数据分析

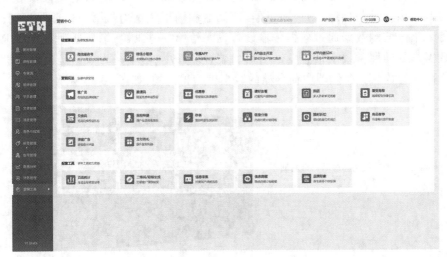

图 10-11　营销中心

第三节　研学旅行智慧教具设计及智慧评价系统探索

研学旅行智慧教具不仅可以供教师使用，而且可以充当儿童进行"成长工作"时所需的材料。研学旅行智慧教具能够评估儿童研学旅行的效果，因此，在设计操作难度系数时，要坚持由简到繁、由易到难、由具体到抽象的逻辑原则，从而便于不同能力的儿童选用和操作，避免儿童因能力所限而产生挫败感。同时，智慧教具能够与学生身心健康、现场预警、学生课后评价等方面关联，如图10-12所示，从而更好地为研学旅行机构及研学旅行组织者提供有效的数据化决策，并使得研学旅行者获得更丰富的研学旅行体验。

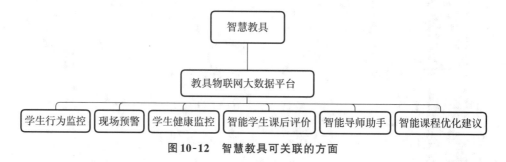

图10-12　智慧教具可关联的方面

一、学生行为监控

基于学生行为数据的研学监控系统，包括研学监控设备、采集设备和数据传输设备。监控设备包括第一通讯器、第一处理器、存储器和输出装置；采集设备和第一通讯器均与数据传输设备相连，第一通讯器、存储器和输出装置均与第一处理器相连；采集设备将采集的监测数据通过数据传输设备发送给第一通讯器；第一处理器将基于学生行为数据得到的课堂效果信息发送给输出装置。其中，学生行为数据是根据研学监控设备所监测的数据和存储器中预存储的数据模型得到的，如图10-13所示。

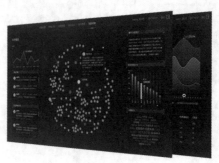

基地、机构通过后台查看研学实时动态进行现场调度

图10-13　学生行为监控

二、智能学生课后评价

智能学生课后评价平台的设置,一是为了提升研学旅行产品创新竞争力,二是侧重于引导与鼓励。学生及其家长一起参与研学体验活动,家长可以通过这个平台对学生做出真实的评价,学生也可以真实反馈其对于研学旅行基地(营地)的感受。在这个过程中,学生既是研学体验的主体,又是自我评价的主体,如图10-14所示,从而带动学生的积极性,使教与学在评价中和谐统一。总而言之,设置智能化、便捷化、可视化、客观化的评价平台是为了使研学旅行课程的用户群体真正受益。

图 10-14　智能学生课后评价

三、智能课程优化建议

教育评价是根据一定的教育价值或教育目标,运用可行的科学手段,通过系统地收集、分析、整理信息资料,对教育活动、教育过程和教育结果进行价值判断,以提高教育质量和为教育决策提供依据的过程。在设计研学旅行智慧评价系统或智慧教具时,可导入三方评价系统,邀请旅游、教育等行业的专家共同制定评价标准,综合学生端、家长端、导师端形成研学旅行评价大数据,进而不断完善研学旅行课程、研学旅行基地,优化研学导师队伍,同时也解决了研学导师对学生进行评价时的专业性、便捷性、时效性问题,如图10-15、图10-16、图10-17所示。

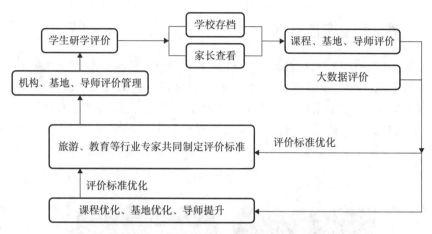

图 10-15　制定并优化研学旅行评价标准

(a)

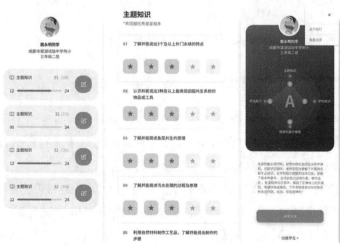

(b)

图 10-16　三方评价系统

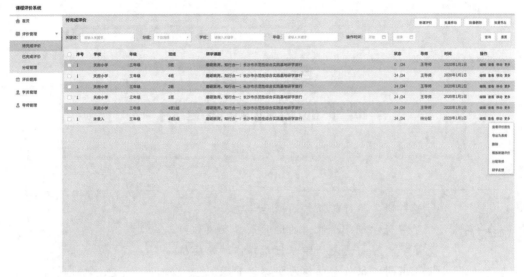

图 10-17 管理课程及相关评价

本章小结

研学旅行智慧营销平台系统建设在研学旅行市场上占据重要地位，因为线上平台突破了时空的限制，在大数据、流量、便捷管理、渠道等方面具有优势，既有助于研学旅行行业主管部门进行管理监控，也利于研学旅行机构提升课程与服务水平。此外，研学旅行智慧营销平台可以让家长随时系统掌握研学旅行精彩动态，让评价真正在研学旅行中落地，形成系统优势，助力研学旅行行业实现可持续发展。

 课后训练

1. 研学旅行智慧营销平台一般由哪些管理系统构成？
2. 你觉得在设计研学旅行智慧教具时应该考虑哪些因素？

第十一章 研学旅行新媒体营销

学习目标

1. 了解研学旅行新媒体的概念与特征。
2. 了解研学旅行新媒体的运营策略及工作内容。
3. 了解内容创意是研学旅行新媒体营销的核心。
4. 了解研学旅行新媒体网络舆情管理。
5. 学会打造个人研学旅行品牌,利用新媒体对品牌进行营销。

知识框架

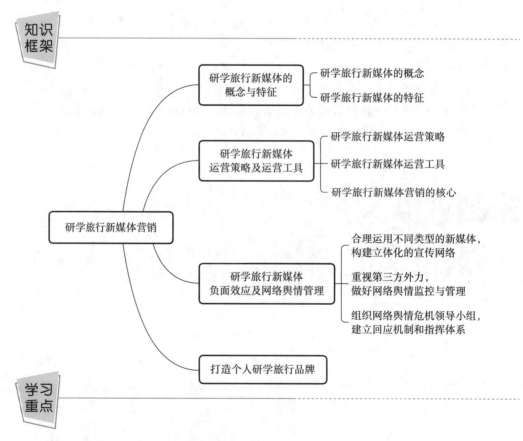

学习重点

1. 了解研学旅行新媒体的运营策略。
2. 了解研学旅行新媒体网络舆情的应对及调控。
3. 学会有效打造个人研学旅行品牌。

据有关新闻报道，原生活在云南西双版纳国家级自然保护区的17头亚洲野象2021年4月16日从云南西双版纳边陲保护区出发，长驱500多千米，至2021年6月初已逼近云南昆明。象群迁徙的路线、沿途造成的损失、大象到底要去哪？这些问题不仅牵动着国民的心，也使这一事件成为国际传播的一个小热点。一时之间，国际媒体以大篇幅的形式全程报道了大象的迁徙路线，顺带着给中国南方的地理风物做了一次客观宣传，这被视为中国生物多样性保护的新案例。国内有些社交媒体以直播、短视频等形式对大象迁移事件进行传播，不附加任何评判，充分运用了海外社交媒体的"游戏规则"，这些社交媒体因其低政治性、强娱乐性的特征收效良好。因此，在讲述中国故事的过程中，中国媒体应善于利用短视频、直播等新媒体形式，用具有跨国文化共性的传播话语（包括文字、图像、动画等），并有效结合大数据、基于位置的服务（Location Based Services，LBS）、5G等技术，以一种柔性的方式讲述中国故事、传播中国文化。

分析思考：

1. 在大象迁移的传播事件中，国内媒体运用了哪些新媒体形式？

2. 你认为新媒体推送的广告是否比传统媒体（如报纸、广播、电视、杂志等）发布的广告更精准，请结合案例进行说明。

第一节　研学旅行新媒体的概念与特征

一、研学旅行新媒体的概念

如今，社交媒体已经成为天然的客户管理系统及客户引流的重要利器。特别是在流量时代，对于研学企业而言，其研学旅行产品营销是应该找专业的新媒体团队运营呢，还是应该选择自己投入团队孵化呢？无论以怎样的方式，最终的目标都是一致的，即让新媒体助力业务的变现，而不仅仅是提供业务支持。联合国教科文组织对新媒体下了定义："以数字信息技术为基础，以网络为载体进行信息传播的媒介。"如今，在数字信息技术、网络技术的升级加持下，一切皆可以转变为新媒体，如电视本属于传统媒体，但是经过数字化改造后的数字电视可以被视作新媒体的一种；再如传统报纸属于传统媒体，但借助数字信息技术可以将其升级为数字报刊，从而转变为新媒体。严格来讲，所有基于数字信息技术的媒介都可以视作新媒体，因此，传统媒体在经过数字信息技术的改造后，也可以升级为新媒体。

搭建研学旅行新媒体的目的是让大众进一步了解研学旅行产品，通过提升新媒体平台信息公信力,以及将多元化媒体平台并用的方式,强化新媒体平台在研学旅行品牌形象营销方面的应用能力,帮助研学企业及研学旅行目的地快速塑造品牌形象,对有趣的、具有互动性的内容进行传播,引起受众的共鸣,使产品兼顾旅游属性与教育属性,而不是单纯满足大众娱乐的需求。

二、研学旅行新媒体的特征

与传统媒体相比,新媒体在传播方式及内容上颇具个性。研学企业要想不断融合传统媒体、创新营销方式,那么对研学旅行新媒体的特征进行全面了解就显得尤为重要了。研学旅行新媒体的特征主要表现为以下几个方面。

(一)传播方式多样化

研学旅行新媒体快速的传播速度、广泛的波及范围、丰富的信息内容,使得各类信息的发布和传播几乎不受时空、民族、身份和财富等因素的限制,具有极强的实时互动性、潜在社会动员能力和舆论影响力,尤其体现在事件性的传播上。

(二)传播受众数量剧增

研学旅行新媒体用户覆盖各个年龄段。艾媒数据中心的相关统计数据显示,2019年43%的中国新媒体用户年龄为31—40岁,26—30岁的用户占比为29.5%,用户整体偏年轻化。

(三)传播信息海量化

在新媒体环境下,人人都是宣传者,再小的个体也可以拥有自己的研学旅行品牌。庞大的用户群体加上移动端信息的碎片化,一条信息可以迅速被淹没或"裂变"。一些研学旅行机构别出心裁,通过新媒体手段吸引参与者分享相关体验,从而增加营销信息的可信度。

(四)传播内容的娱乐性与严肃性共存

消费者更加关心自身,以及自己的需求能否被满足的问题,更愿意去分享一些不同寻常的娱乐体验。因此,研学旅行新媒体在进行产出时,既要有专家专业领域方面的严肃内容,又要有有趣且能产生互动的内容,这样才能引起目标用户的共鸣。

第二节 研学旅行新媒体运营策略及运营工具

一、研学旅行新媒体运营策略

研学旅行新媒体运营工作并非有流量就有效果,关键是要清楚运营工作的目的是什么,是以增加关注度为主?还是以推送官方消息、宣传公司价值为主?抑或是以活跃用户、实现销售的引流价值为主?在不同的阶段,研学旅行新媒体运营工作还会进行内容及目标的调整。因此,研学旅行新媒体的运营要有全局性规划,通过精心的内容策划、优质流量的曝光,实现精准的销售转化,这也是目前研学企业所关注的焦点。那么研学旅行新媒体运营工作具体包含哪些内容?到底该如何开展工作?简单来说,研学旅行新媒体运营工作内容主要分为用户调研、内容生产、渠道运营、活动策划、社群运营五个方面。

(一)用户调研:了解目标用户需求

用户调研是指通过与目标用户交流,了解目标用户,进行用户画像。只有清楚目标用户的需求、喜好和特点,才能实现精准的内容生产和投放,提前验证营销活动策划方案的有效性,提高营销活动的投资回报率,让每一分钱都花在刀刃上。

常见的用户调研方式有问卷调研、访谈、焦点小组讨论等,在进行用户调研之前需要明确调研的目标以及需要获取什么样的信息。无论采用何种调研方式,都需要锁定目标用户,并与其进行交流,然后整理、分析调研数据,得出更加具体的用户画像,并将所获得的调研数据中的重要信息提炼出来,为接下来精准的内容生成、投放以及活动策划做准备。这样做的目的是直击目标用户的痛点,了解目标用户实际关注的重点,为解决目标用户的问题提供参考。此外,要在调研中寻找内容的关键意见领袖(Key Opinion Leader,KOL),通过他们的"背书"来助力传播。同时,用户调研也有助于迭代目标用户定位,使之更符合目标用户维护的要求。

(二)内容生产:生产目标用户喜爱的优质内容

内容生产包含撰文、拍视频,较为关键的环节是选题、拟标题,以及抓住热点。这就需要了解目标用户喜欢什么内容,优秀的标题是怎么写的,最近发生了什么大事,可以与哪些时事热点进行关联等。需要注意的是,单一的新媒体运营团队在素材、专业影响力、传播的联动等方面均有局限性,因此,还要突破单一的内容生产供给,与其他团队进行合作,从多视角出发进行内容共创。比如,某景区组建了新媒体编辑部,链接行业,细分体验爱好者,通过产品互动体验完成内容的生产。除此以外,广泛收集各类有关信息也是内容生产前的必要准备。做科研工作尚且要站在前人的肩膀上才能取得好的成果,要想生产优秀的"爆文"和"出圈"视频,当然也要借鉴优秀的案例。

(三)渠道运营:引流以提高内容曝光量

渠道运营承担了提高内容曝光量的任务。研学旅行新媒体运营除了要产出好的内容,还要提高内容的曝光量,让尽可能多的目标用户看到。写好了文章,拍好了视频,如果没人看就无法获得转化率。对研学企业来说,不能带来流量的内容是缺乏意义的,运营的最终目标是转化,没有流量就谈不上转化。

从理论上来讲,渠道运营的工作内容主要包括:制定运营规划、分析流量来源、通过各种手段推广内容等。具体来讲,可以分为三个部分:其一,规划一个月或一周内要在哪个平台投放多少篇文章、多少个广告视频或者海报。其二,分析哪个平台的什么板块能够带来有效的流量,比如,分析在知乎、豆瓣与微博三者中,哪个平台更能带来流量。其三,分析通过什么方式可以让投放的内容获得更多曝光机会,如提升点赞量、评论量、阅读量等。以微信公众号为例,最直接的推广引流方式就是将推文转发到微信群。此外,还可以利用微博、豆瓣、今日头条、知乎、简书、小红书、一点资讯等各大平台对内容进行宣传。

目前,研学旅行新媒体运营工作还存在很多的问题,运营人员的专业性和执行方面是主要的问题所在,但是好在各个新媒体平台都已经建立了起来,例如通过小红书、今日头条等媒体宣传研学旅行产品时,更容易获得一定的曝光量。

(四)活动策划:通过组织活动达到营销目标

活动策划主要分为制定活动规划、提出活动创意、执行活动规划、监测活动过程。组织活动的流程包括确定活动目标和目标用户、做好预算、敲定活动主题、设计具体的规则和玩法、提出活动创意、进行人员安排并按照活动规划执行各环节,其间不断监测活动数据等情况,根据活动数据和效果调整策略,以达到活动引流、促销等既定的营销目标。在活动结束后,还要进行总结复盘。

好的活动策划如同及时雨,在短时间内能带来可观的流量,效果立竿见影。

目前,做活动策划既要有新意,又要节省经费,更重要是达到活动的营销目标(如涨粉、增大曝光量、促销等)。研学旅行新媒体运营策略与研学实践活动是密切联系的,这也是提高研学旅行产品曝光量极为有效的方式。因此,研学旅行新媒体编辑要与活动执行做好配合,活动主题要契合产品内容,要有关键意见领袖输出对产品的看法及对行业的思考,引发大众产生共鸣并自发对内容进行传播。在这个过程中,活动策划就显得尤为重要。例如,某景区刚开始运营微信公众号时,粉丝增长速度非常缓慢,一周大概增加 50 人,有时还会出现"掉粉"的情况。后来该景区结合"线上软推"和"线下硬推"举办了几次活动,其微信公众号一下子新增了 1000 多个粉丝,效果出乎意料,以这样的方式获得的粉丝的效率比写 100 篇文章高得多。

(五)社群运营:通过运营社群提高转化率

社群运营的工作内容主要包括:管理社群,组织社群活动,通过社群活动转化用户。具体来说就是创建一个社群,如 QQ 群、微信群、论坛等,将目标用户拉入社群;制定社群规范,维护社群内的秩序;平时社群成员若有疑问,应及时回复,收集社群成员的需求和意见;若发现违规行为,应对相应的社群成员给予警告,对于屡次违规的社群成员,可以将其移出社群;定期组织社群活动,如在社群内发起话题,活跃社群等。社群活动可以让目标用户喜欢并购买研学旅行产品或服务,后续需要不断维护与其他社群成员的关系。

社群运营的作用近年来被越来越多的研学企业所重视,许多研学旅行新媒体运营的工作招聘信息中明确要求具备社群运营能力。这是因为在社群内可以形成品牌口碑传播效应。此外,很多研学企业认识到,维系老客户的成本比拓展新客户成本低,创造价值更高。社群运营很多时候与活动运营是紧密联系的,二者的工作内容和工作方式会有部分重叠。

二、研学旅行新媒体运营工具

研学旅行新媒体运营人员不必是专业的设计师或程序员,但需要知道如何快速找到合适的新媒体运营工具,以及借助新媒体运营工具提升工作效率的方法。为此,编者特地整理如下新媒体运营工具供读者参考。

1.编辑排版工具

(1)135编辑器(https://www.135editor.com/)。

(2)365编辑器(https://www.365editor.com/)。

(3)96编辑器(http://bj.96weixin.com/)。

(4)速排小蚂蚁编辑器(http://www.xmyeditor.com/)。

(5)秀米(https://xiumi.us/#/)。

(6)美多编辑器(http://edit.meiduow.com/)。

(7)新榜编辑器(https://edit.newrank.cn/)。

(8)易点编辑器(http://www.wxeditor.com/)。

(9)i排版(http://ipaiban.com/bianji)。

(10)91微信编辑器(http://bj.91join.com/)。

(11)排版侠(http://www.paibanxia.com/)。

(12)微小宝(https://editor.wxb.com/)。

(13)易企微(http://www.e7wei.cn/bjq.html)。

(14)微助点微信编辑器(http://www.videaba.com/)。

(15)主编编辑器(http://www.zhubian.com/)。

2.H5制作工具

(1)易企秀(https://store.eqxiu.com/)。

(2)兔展(http://www.rabbitpre.com/)。

(3)码卡(http://maka.im/)。

(4)人人秀(https://www.rrxiu.net/)。

(5)初页(http://cloud7.com.cn/)。

(6)意派(http://www.epub360.com/)。

(7)LiveApp(https://liveapp.site/)。

(8)秀米(https://xiumi.us/#/)。

(9)即速应用(http://www.zhichiwangluo.com/)。

3.二维码制作工具

(1)草料二维码(http://cli.im/)。

(2)联图网(http://www.liantu.com/)。

(3)二维码工坊(https://www.2weima.com/)。

(4)微微二维码(http://www.wwei.cn)。

(5)第九工场(https://www.909th.com/)。
(6)互联网二维码(https://www.hlcode.cn/)。
(7)模板码(http://www.mobanma.com/)。

4.素材网站
(1)素材CNN(http://www.sccnn.com/)。
(2)大作(http://www.bigbigwork.com/)。
(3)我图网(http://www.ooopic.com/)。
(4)花瓣(http://huaban.com/)。
(5)懒人图库(http://www.lanrentuku.com/)。
(6)站酷(http://www.zcool.com.cn/)。
(7)视觉中国(https://www.vcg.com/)。
(8)千图(http://www.58pic.com/)。
(9)摄图网(http://699pic.com/)。
(10)包图(https://ibaotu.com/)。
(11)昵图网(http://www.nipic.com/)。
(12)站酷海洛(https://www.hellorf.com/)。
(13)图虫(https://tuchong.com/)。
(14)picjumbo(https://picjumbo.com/)。
(15)Pexels(https://www.pexels.com/)。
(16)素材公社(http://www.tooopen.com/)。
(17)pixabay(https://pixabay.com/)。

5.GIF图片网站
(1)SOOGIF(https://www.soogif.com/)。
(2)新浪科技GIF趣图(http://gif.sina.com.cn/)。
(3)Golden Wolf(https://www.goldenwolf.tv/)。
(4)JULIAN GLANDER(http://glander.co/)。

6.图片处理工具
(1)ARKIE(https://www.arkie.cn/)。
(2)创客贴(https://www.chuangkit.com/)。
(3)懒设计(https://www.fotor.com.cn/)。
(4)易图网(https://www.yipic.cn/)。
(5)图帮主(http://www.tubangzhu.com/)。
(6)稿定设计(https://www.gaoding.com/)。
(7)改图宝(http://www.gaitubao.com/)。
(8)光影魔术手(http://www.neoimaging.cn/)。
(9)UUPOOP(http://www.uupoop.com/ps/)。
(10)看图网(https://www.kantu.com/)。
(11)GIF5(http://www.gif5.net/)。
(12)图艺图(http://www.tuyitu.com/)。

(13)我拉网GIF制作(https://gif.55.la/)。
(14)Canva(https://www.canva.cn/)。

7. 问卷调查工具

(1)麦客(https://www.mikecrm.com/)。
(2)金数据(https://jinshuju.net/)。
(3)问卷星(https://www.wjx.cn/)。
(4)腾讯问卷(https://wj.qq.com/)。
(5)我要调查网(http://www.51diaocha.com/)。
(6)CTR调研社区(http://cn2.ictr.cn/)。
(7)问智道(http://www.askform.cn/)。
(8)调查派(https://www.diaochapai.com/)。
(9)问卷网(http://www.wenjuan.com/)。
(10)表单大师(https://www.jsform.com/)。

以上工具涵盖了编辑排版工具、H5制作工具、二维码制作工具、图片处理工具等。从实际操作的角度,研学旅行新媒体运营人员除了掌握基础理论,至少还应该对以上工具进行持续学习,不断提高应用能力。

三、研学旅行新媒体营销的核心

当下新媒体传播领域瞬息万变,如何选择合适的新媒体营销内容,以及如何让内容与众不同,是研学旅行新媒体营销面临的基本问题。因此,掌握生产创意内容的方法就显得尤为重要了。从务实的角度出发,以下有四个方面值得借鉴。

(一)找准内容的定位

结论是简单的,关系是复杂的。研学旅行新媒体营销内容生产的核心在于思维坐标的确立,应找到内容的独特定位,形成自己的风格,关注目标用户所关心的,并发现其核心价值。一般而言,用户会根据其认知对传播的信息进行选择,换言之,用户选择了什么样的内容,就相当于选择了什么样的产品。因此,内容的定位是关键。

(二)信息价值与目标用户相关

尽管新媒体营销内容能传达多重功能价值,但是需要指出的是,其营销内容的基本价值属性还是传递准确的信息。换句话说,营销内容必须依据客观事实,必须跟消费者的需求相关、跟消费者的消费行为相关、跟消费者所处的场景相关,不然就失去了新媒体营销内容传播最基本的价值。研学旅行新媒体营销更应该把具有准确信息价值的内容作为研学企业口碑传播的重点方向,在设计产品时以消费者为导向,并重视消费者的评价反馈,把消费者的服务满意度作为研学企业发展的根本,并通过新媒体营销进行服务内容的展示,凸显个性化与特色化,以贴近消费者需求的内容为主。特别是新冠疫情防控期间,若是传播的信息对受众而言是"有用的",那么仅仅一句话、一张图、一个镜头往往都会刷爆朋友圈。但其中往往也混杂着虚假的信息,即使及时进行辟谣,也会对受众产生干扰,进而对新媒体公信力造成损害。因此,"有用、准确、有料"的信息内容,必定是新媒体内容创意最基本的出发点。

(三)借助热点事件,引起内容共情

前文提及的象群迁徙事件之所以引起广泛关注,是因为相关文章中出现了各种有趣的讲述方式,如拟人化、调侃等,注重内容的温度。这些热点爆文的传播,表面上看似是文章内容在传播,实质上是文章内容所表达的情绪在扩散,而情绪的扩散又会反过来加速文章内容的传播,进而刺激受众对文章内容继续转发分享的"冲动"。因此,要想做到内容共情,先要想清楚所要传递的情绪、情感、观点、态度、思想是什么,以及能够引发共情的触点是什么。

(四)"病毒式"爆点内容创意

尼尔·波兹曼在《娱乐至死》中曾说道:一切公众话语都日渐以娱乐的方式出现,并成为一种文化精神。新媒体营销的时代是全民共同创作内容的时代,内容呈现出碎片化、私语化、娱乐化的特点。内容的趣味性和娱乐性能够让内容进行"病毒式"传播,可迅速提升品牌的传播速度和知名度,而素材大多以娱乐搞笑的形式表现出来。需要注意的是,娱乐搞笑的素材应积极向上,并对品牌传播有着正面的引导。通俗来讲,"病毒式"的内容创意可以是设计一个好玩的游戏,或是用一个小故事触及一大拨人的共同的兴趣,让这些人参与其中,如"冰桶挑战"就是一次以爱为名的自传播经典案例,其规则设置也遵循了游戏互动之道:在网络上发布,参与方式简单(用冰水浇身),呈"病毒式"传播(点名好友接力挑战)。而研学旅行新媒体营销内容创意就更要关注有趣且具有互动性、正能量且具有教育意义的内容的引导,避开虽娱乐搞笑但不严谨的内容创意。

第三节 研学旅行新媒体负面效应及网络舆情管理

研学旅行新媒体营销信息丰富多样,快速的传播速度、广泛的波及范围也会导致一些低俗的信息或是网络谣言的快速传播,造成网络舆情失控,如果不及时加以控制,必然会导致不良情绪的蔓延,进而对品牌造成重大的负面影响。因此,研学企业或研学旅行目的地应对网络舆情危机的策略就显得尤为重要了。

一、合理运用不同类型的新媒体,构建立体化的宣传网络

研学企业应积极利用各类新媒体与消费者进行及时的对话与沟通,做好日常的新媒体维护工作,为研学旅行的和谐发展营造良好氛围。在网络舆情危机出现的第一时

间,利用立体化的宣传网络,疏导消费者的焦虑心理,缩小负面信息传播空间,避免网络舆情危机升级。当然,媒体也并非网络舆情危机显现的唯一渠道,还存在着尚未被媒体公开报道的潜在网络舆情危机,如果研学企业可以适时地与政府、消费者、内部员工或合作伙伴等进行沟通,常常可以大事化小、小事化了。此外,研学企业或研学旅行目的地也要对沟通的顺序进行妥善的安排,全面考虑到事件利益的相关者。

二、重视第三方外力,做好网络舆情监控与管理

网络舆情监控是指通过人工搜索或借助专业信息采集分析技术对网络上的目标信息进行监测、跟踪、预测,以便监测主体更好地对相关信息进行监管与处理。标准的工作流程对团队处理执行起着决定性的作用,同样,研学旅行新媒体网络舆情监控也有其工作方法,具体内容大致如下。

(1)网络舆情监测期内,收集多方信息来源,并将其存储到采集信息数据库中。

(2)网络舆情分析引擎负责对采集信息数据库中的信息进行筛选,并利用智能分析技术对事件总体调性进行智能研判,如负面新闻占比、中性新闻占比、正面新闻占比、事件总体健康度等。

(3)及时公布网络舆情成果库中的相关数据。

(4)工作人员完成对网络舆情监测结果的总结,生成内部简报,及时做好研判和上报工作。

三、组织网络舆情危机领导小组,建立回应机制和指挥体系

网络舆情应对是一项复杂的系统工程,需要统一指挥、相互联动。研学企业有必要成立网络舆情危机领导小组,并作为有效的回应方,在研学企业授权的范围内,建立规范化和科学化的回应机制和指挥体系,否则很容易出现反应过度或应对不足的情况。此外,应提升发言人的语言功底和综合素质,及时引导公众做出客观的分析,在回应时真诚阐述事实,这样有助于网络舆情危机的有效化解、降低其对研学企业或研学旅行目的地品牌形象的影响。

在网络舆情危机发生后,一定要进行积极、充分的沟通,尽可能降低对研学企业或研学旅行目的地品牌形象的影响,以下列举几个经过实践考验的沟通规律以供参考:

(1)用同一种声音说话。对外回应的信息应一致,避免内部出现不同的声音。

(2)尽可能在第一时间对网络舆情危机做出反应,澄清事实,积极引导网络舆论的方向,避免因回复不及时而陷入新一轮的网络舆情危机。

(3)注重事实,切勿推测。既要及时公布事实情况,又要从宏观上把握和反映事件的全貌;讲清事情真相,并及时在官网上发布声明,认真对处置结果进行回应。

拓展阅读

7·5普吉岛游船倾覆事故网络舆情监控案例

拓展阅读

"暴力夏令营"

第四节 打造个人研学旅行品牌

在"人人都是自媒体"的新媒体时代,打造个人品牌的难度大大降低,每个人都可以注册第三方平台,发表观点,发布视频,并获取粉丝。本节主要通过三个典型案例来解读研学导师品牌及研学旅行机构品牌,以及打造个人研学旅行品牌和利用新媒体营销自己的方法。

"易博士讲研学"个人研学旅行品牌

从 2020 年 5 月开始,因新冠疫情的影响,经易红博士团队研究决定,以易红博士个人的名义开通自媒体"易博士讲研学",通过微信视频号、微信公众号、抖音等新媒体平台打造"易博士讲研学"个人研学旅行品牌。

一、品牌形象定位:**专家学者,资深实践教育研究者**

品牌宗旨:通过"知识 tips"引导青少年发现书本知识与现实世界之间的联系,引导他们关注到"生活处处皆研学"。

品牌名称释义:该品牌名称由"易博士""讲""研学"这三个关键词组合而成,其一突出了"人"——易博士,其二突出了"事"——研学,其三突出了"传播方式"——讲。受众在接触人的时候,会同时接触到新事物,反之亦然。该品牌名称立意简单、直接,易于品牌传播。

二、传播平台

(1) 微信视频号"易博适"。

(2) 抖音账号"易博士讲产学研"。

(3) 百度百科词条"易红"。

(4) 微信公众号(研学头条、自在研学、易博士讲研学)。

(5) 国内主流媒体事件报道(如新华社、湖北日报、荆州日报等)。

三、具体做法

(1) 保持一定频次的高品质内容输出(如日更、周更、半月更等),保持曝光节奏。

(2) 拥有独立观点,从研学视角解构生活中的小知识,具有知识性、趣味性和实用性。

(3) 从生活中发现研学知识,以轻松的方式引发思考与启发,契合"生活处处皆研学"理念。

四、理论及内容支撑

一个知识博主，如果没有坚实的知识素养，是很难持续产出高品质内容的。"易博士讲研学"个人研学旅行品牌建立在其研学团队多年研究成果的基础上。

(1) 论文：《生活处处皆研学——研学旅行实践教学设计与创新尝试》(《教育家》，2018)、《星火式教学法在研学实践教育中的应用研究》(《教师教育论坛》，2019) 等。

(2) 著作：研学系列读物"比格博士的思维魔方"(全6册) (人民交通出版社股份有限公司)；研学系列绘本"东西南北 FUN"(全5册) (武汉出版社)；亲子研学旅行读物《为什么妈妈不讲童话？》(武汉出版社)。

(3) 研学系列动画片：《东西南北疯》。

研学导师李玮瀚的个人研学旅行品牌

李玮瀚，是一位来自十三朝古都河南省洛阳市的"90后"，在应天门遗址博物馆与九洲池遗址公园担任研学导师，有着多年的研学工作经验。

洛阳有着丰富的历史文化、工业、自然等方面研学旅行资源，其中历史文化研学旅行资源优势尤为突出，在中国历史上曾有13个王朝的都城在这里建立，拥有夏朝、商朝、西周、东周、东汉、北魏、隋朝、唐朝等时期的王城大遗址，地面文物超过40万件，拥有100座以上的博物馆。这些丰富的历史文化研学旅行资源可以帮助学生掌握洛阳所蕴含的历史文化知识，从而丰富学生的个人知识与技能。把历史文化资源转变成课程，以研学的形式完成教学，是研学导师的基本技能。

如何从不同的角度讲述悠久的历史文化知识并让学生产生兴趣？如何挑选历史文化研学旅行主题并利用历史文化研学旅行资源打造个人研学旅行品牌？这些都是李玮瀚作为研学导师在工作过程中不断遇到的问题。以下是研学导师李玮瀚的个人成长路径。

一、"沉浸式体验＋系统化学习＋通识学习"的研学旅行课程设计思路

李玮瀚自2019年起便确立了"沉浸式体验＋系统化学习＋通识学习"的研学旅行课程设计思路。为了让学生了解唐代建筑的风格以及唐朝的历史知识，李玮瀚研究了大量的历史知识与传统建筑知识，设计了剧本式的研学旅行课程"应天门营造"、认知人类大遗址的研学旅行课程"推开应天门回望大唐之国"、动手动脑成长挑战的研学旅行课程"巧破隋唐斗拱，玩转中国乐高"等。

李玮瀚不仅设计了多样化的研学旅行课程，还通过将课程游戏化，充分满足了人类学习的本能需求：满足学生的好奇心，引导学生设立目标，遵循"遇到挑战—接受挑战—完成挑战"的思路，形成知识的系统性学习是其研学旅行课程的特色；塑造场景，设计关卡，摆脱固化课堂，让学生体验剧情故事、自主解决问题，从而达到收获知识、掌握知识的目的。

二、围绕隋唐文化打造研学旅行系列产品

在多年的研学工作中，李玮瀚参与研发了三个系列的研学旅行课程：有讲述隋唐生活与美学的"神都生活指南系列"，有了解中国历史、回望中华文明的"大唐登高志系列"，有以剧情角色扮演为主的"唐人归来系列"。

三、内容矩阵

李玮瀚与其研学团队会不定期在抖音账号和微信公众号上以短视频、直播的形式进行历史文化研学旅行知识的传播。其传播历史文化知识的视频时长通常在1分钟以内，如15秒、30秒、60秒等，视频所讲述的知识与人们的生活息息相关，如"隋唐的节日跟今天有什么不同？""唐朝'都市丽人'如何过年？"等，其传播对象并不局限于学生，而是面向所有对历史文化有兴趣的人。

四、获得奖项

在设计课程之初，李玮瀚给自己定下了研学导师个人成长方向："不以历史讲历史""打造离开教室的课程"。

依靠沉浸式的课堂形式、剧情化的体验、关卡式的学习，李玮瀚收获了很多好评，让学员获得了不一样的研学体验。2020年李玮瀚主导设计的课程"推开应天门回望大唐之国"荣获洛阳市中小学生精品课程设计大赛一等奖，2021年他荣获"洛阳市金牌研学导师"称号，并被洛阳日报、浙江卫视、河南卫视等多家媒体报道。

在研学旅行活动中，李玮瀚致力于跳出历史文化知识讲解者的角色，转而作为设计者、推动者，引导学生进入历史场景，成为特定人物，遵循"遇到问题—解决问题"的思路，完成个人成长路径，丰富知识储备。

若要概括李玮瀚的研学导师个人成长之路，便是跟随研学旅行市场发展，完成个人研学旅行品牌的打造。

亲子研学专家曾进的个人研学旅行品牌

2019年7月开始，曾任《外滩画报》副总编的资深媒体人曾进结集出版了10册研学手账"跟着诗词游中国"。曾进借助微信公众号、国内主流媒体等多种渠道进行宣传，媒体浏览量过百万，并利用抖音带货等渠道，引起销售热潮，从2020年至2021年，这套书先后卖出了20多万册，曾进因此荣获2020年、2021年当当网年度影响力作家。

2022年2月，曾进开发了同名桌游衍生品。2022年夏，曾进开始着手写作"中国国家公园丛书"，这套书进一步巩固了她在研学专家领域的地位。同时，曾进将微信公众号和视频号账号统一更名为"小曾咪呀"，将作家、阅读专家、亲子研学专家三重身份融合起来，更加突出个人品牌。截至2023年2月，其微信公众号粉丝累计达10多万。

一、品牌定位

形象定位：作家，阅读专家，亲子旅行达人。

品牌宗旨：爱旅行，爱阅读，爱生活。

品牌名称释义：突出核心人物——曾进，具有多元身份的个人。通过三重身份的转换，引起不同群体的关注。重点关注家长群体对读书、旅行和亲子教育的多重需求，受众可以从曾进身上找到想象中的自己——现代女性、爱生活和孩子的母亲，通过多重身份认同，看到自己向上生长的力量，进而成为一名终身学习的家长、阅读者、旅行者。

二、传播平台

（1）个人微信公众号、视频号（小曾咪呀）。

（2）品牌微信公众号（如骑象少年、骑象小学堂、小学整本书阅读、大手牵小手等）。

（3）国内主流媒体事件报道（如新华社、上海电视台等）。

（4）线下书店（如骆新书房、北京大阅文化等）。

（5）学校（如上海青浦平和双语学校、上海师范大学附属外国语小学、复旦大学第二附属学校等多所知名中小学）。

三、具体做法

（1）在每年寒暑假、小长假前，保持一定频次的高品质内容输出，保持曝光节奏。利用自然流量，对"跟着诗词游中国"这套书进行宣传，从而让个人品牌得到不间断传播。

（2）利用自媒体账号进行碎片化传播，塑造"亲子旅行达人"人设。曾进的都市知识女性、母亲的双重身份，加上高质量的、个性化的、可视化的研学旅行线路设计，容易使家长群体产生强烈的身份共鸣，从而有力推动家长群体对其教育理念、研学理念的认同。

（3）传播方法——将语文课本知识"人文地理化"。作为阅读专家，曾进擅长将课本、经典名著的地理知识"人文化"，通过现代教育家的视角，让历史、人文知识立体起来，如她的"跟着司马迁游中国""跟着陆游游中国"等文章，引起了学生及其家长的广泛关注。

（4）传播内容——融合问题驱动教学法（Problem-Based Learning，PBL）的研学旅行路线设计。在传播研学理念时，曾进高度强调在地化的PBL设计，让学生"在游中学"，如带领小学阶段的学生体验当地项目，引导初中阶段的学生进行旅行课题设计等，从画园林、写书法、做陶俑，慢慢过渡到研究雪豹保护、探寻三国战场等更有挑战性的研究项目。

（5）传播渠道——利用私域和公域流量。借助明星资源、旅游上市公司CEO（如同程网络科技股份有限公司CEO吴志祥等）、童书作家（如粲然等），以及抖音上有着千万粉丝的"大V"的影响力传播研学旅行品牌；借助自身在中小学教育领域的影响力，以公益讲座的形式对研学旅行品牌进行传播；借助自己的母亲身份，在图书馆、社区、线下书店做公益分享；依托"骑象小学堂""小曾咪呀"等自有渠道，将线上、线下的私域流量和公域流量聚合到社群中，方便二次传播和二次整合。

四、理论支撑

曾进有着资深的旅行写作经验；同时，作为母亲，曾进比较擅长把握家长群体的心理。因此，通过写作，曾进把教育心理学、新闻写作学、文学、哲学、地理学等学科融于一体，创作了一系列具有传播力的论文和著作。

（1）写作研学文章50余篇，累计网络传播流量上百万，如专栏文章《跟着杜甫游成都》《跟着苏轼游杭州》（《瞭望东方周刊》，2019），以及深度报道《崇明岛——一个不断生长的沙岛》（《中国国家地理》，2010）、《粤北围屋——乡土中国社会最优雅的建筑》（《中国国家地理》，2011）等。

(2) 赢得各类媒体的报道，如上海广播电视台新闻综合频道《新闻坊》的纪录片《我的妈呀》等。

(3) 出版研学系列读物"跟着诗词游中国"（全10册）（电子工业出版社）。

通过以上三个案例，我们可以看到打造个人研学旅行品牌需要做好以下四个方面。

(1) 细分定位。应明确擅长的领域，或根据能力细分，或根据行业细分，或根据主题细分，从而形成具有差异性的定位。

(2) 制定运营规划。包括明确的选题规划、发送时间、内容平台等。

(3) 持续输出内容。要想保持持续的热度，就需要制定精细的选题规划，稳定输出个人研学旅行品牌内容。

(4) 形成内容矩阵，升级运营渠道。借助更多宣传平台，如寻找行业内的优秀个人品牌账号，联动曝光，从而增加影响力。

本章小结

总体来说，在文旅融合发展的良好契机下，随着国家"双减"政策的落地实施，研学旅行行业的发展未来可期，利用新媒体来推广研学旅行品牌、销售研学旅行产品已经成为"互联网＋"时代研学企业必备的能力。本章主要从营销实战技能方向展开，介绍了研学旅行新媒体运营策略及工作内容、研学旅行新媒体内容创意及新媒体网络舆情管理，以及打造个人研学旅行品牌及用新媒体营销自己的方法。总之，形成了一套成体系的新媒体营销实战指导方法，以期能够助力研学旅行市场快速发展。

课后训练

1. 结合实际，论述研学旅行课程内容应如何进行共情内容的传播。
2. 结合实际，简述"病毒式"爆点内容创意应如何把握好尺度、温度、限度。
3. 你有打造个人品牌的想法吗？尝试谈谈你的规划。

参考文献
References

[1] 诸强新.如何制定营销计划[M].北京:北京大学出版社,2006.
[2] J.克里斯托弗·霍洛韦.旅游营销学[M].4版.修月祯,等,译.北京:旅游教育出版社,2006.
[3] 郭毅,陈洪安.市场营销案例[M].北京:清华大学出版社,2006.
[4] 景奉杰,曾伏娥.市场营销调研[M].北京:高等教育出版社,2010.
[5] 菲利普·科特勒,洪瑞云,梁绍明,等.营销管理[M].3版.梅清豪,译.北京:中国人民大学出版社,2005.
[6] 许以洪,严辉武,杨卫丰.市场营销调研[M].武汉:武汉理工大学出版社,2006.
[7] 叶敏.市场营销原理与实务[M].北京:北京邮电大学出版社有限公司,2011.
[8] 李天元.旅游学概论[M].天津:南开大学出版社,2003.
[9] 董倩,张荣娟.旅游市场营销实务[M].北京:北京理工大学出版社,2018.
[10] 廖以臣.体验消费的购买决策过程及其影响因素研究[M].武汉:武汉大学出版社,2010.
[11] 王生辉,张京红.消费者行为分析与实务[M].北京:中国人民大学出版社,2012.
[12] 夏凤,胡德华.市场营销理论与实务[M].北京:电子工业出版社,2019.
[13] 郑忠阳,张春华.旅游市场营销[M].四川:西南财经大学出版社,2020.
[14] 卢泰宏.品牌思想简史[M].北京:机械工业出版社,2020.
[15] 曲颖,李天元.旅游市场营销[M].2版.北京:中国人民大学出版社,2018.
[16] 韩玉曼,邓德智,石媚山,等.研学旅行市场营销[M].北京:旅游教育出版社,2020.
[17] 胡小勇,冯智慧.在线教研实用指南[M].广州:广东教育出版社,2020.
[18] 王仕民.德育功能论[M].广州:中山大学出版社,2005.
[19] 李长喜,卓晴君.德育理论与实践[M].北京:教育科学出版社,1992.

[20] 檀传宝.德育原理[M].北京:北京师范大学出版社,2007.

[21] 菲利普·科特勒,洪瑞云,梁绍明,等.旅游市场营销[M].何志毅,等,译.北京:机械工业出版社,2002.

[22] 韩军.玩转电商系统:深入剖析智慧电商平台[M].北京:电子工业出版社,2014.

[23] 菲利普·科特勒.营销管理:分析、计划、执行和控制[M].梅汝和,梅清豪,张桁,译.上海:上海人民出版社,1999.

[24] French C N, Craig-Smith S J, Collier A.Principles of Tourism[M].London: Pearson Education Inc.,2000.

[25] Towner J.An Historical Geography of Recreation and Tourism in the Western World[M].Chichester: John Wiley & Sons,Inc.,1996.

[26] Roberts K.Leisure in Society[M].Wallingford:CABI Publishing,1999.

[27] Burkart A J, Medlik S. Tourism: Past, Present and Future[M]. London: Heinemann,1981.

[28] Kalinowski K, Weiler B. Special Interest Tourism[M]. London: Belhaven Press,1992.

[29] 任忆.中学德育教育过程中出现的教育偏差问题探究[D].开封:河南大学,2016.

[30] Towner J.The European Grand Tour, cira 1550-1840: A Study of Its Role in the History of Tourism[D].Birmingham:University of Birmingham,1985.

[31] 李碧静.英国研学旅行:从贵族化走向大众化[J].今日教育,2017(5):22-23.

[32] 杨生,司利,张浩.日本修学旅游发展模式与经验探究[J].旅游研究,2012,4(2):25-29.

[33] 陶军.18世纪英国"大陆游学"初探[J].郧阳师范高等专科学校学报,2005(1):119-121.

[34] 涂春容,粟斌.游学教育发展脉络探究[J].遵义师范学院学报,2012,14(2):84-87.

[35] 肖菊梅,李如密.中国古代游学的发展嬗变、教育价值及现实启示[J].河北师范大学学报(教育科学版),2017,19(6):34-39.

[36] 李翠芳,姜爱华.发展孔子研学旅行弘扬优秀儒家文化——浅谈曲阜孔子故里研学旅行[J].人文天下,2018,128(18):48-51.

[37] 郭芳芳.市场营销与社区公众文化[J].外国经济与管理,1990,12(2):33.

[38] 廖四成.互联网时代品牌管理创新策略探究[J].大众科技,2020,22(1):3.

[39] Mccormack J.Children's Understandings of Rurality: Exploring the Interrelationship Between Experience and Understanding[J].Journal of Rural Studies,2002,18(2):193-207.

[40] Gordon S, Mikoski.Going Places: Travel Seminars as Opportunities for Interfaith Education[J].Teaching Theology & Religion, 2013, 16(4):352-361.

[41] Urtaza E O.Cossío's European Tours Between 1879 and 1889[J].History of

Education and Children's Literature,2017,12(2):323-341.

[42] Falk J H, Ballantyne R, Packer J, et al.Travel and Learning: A Neglected Tourism Research Area[J]. Annals of Tourism Research, 2012, 39(2): 908-927.

[43] Uriely N. The Tourist Experience: Conceptual Developments[J]. Annals of Tourism Research,2005,32(1):199-216.

[44] Simith C, Jenner P. Market Segments: Educational Tourism[J]. Travel and Tourism Analyst,1997(3):60-75.

教学支持说明

普通高等学校"十四五"规划旅游管理类精品教材系华中科技大学出版社"十四五"规划重点教材。

为了改善教学效果,提高教材的使用效率,满足高校授课教师的教学需求,本套教材备有与纸质教材配套的教学课件(PPT电子教案)和拓展资源(案例库、习题库等)。

为保证本教学课件及相关教学资料仅为教材使用者所得,我们将向使用本套教材的高校授课教师免费赠送教学课件或者相关教学资料,烦请授课教师通过电话、邮件或加入旅游专家俱乐部QQ群等方式与我们联系,获取"教学资源申请表"文档并认真准确填写后发给我们,我们的联系方式如下:

地址:湖北省武汉市东湖新技术开发区华工科技园华工园六路

邮编:430223

电话:027-81321911

传真:027-81321917

E-mail:lyzjjlb@163.com

旅游专家俱乐部QQ群号:487307447

旅游专家俱乐部QQ群二维码: 研学旅行专家俱乐部

扫一扫二维码,加入群聊。

教学课件资源申请表

填表时间：_____年___月___日

1. 以下内容请教师按实际情况写，★为必填项。
2. 根据个人情况如实填写，相关内容可以酌情调整提交。

★姓名		★性别	□男 □女	出生年月		★职务	
						★职称	□教授 □副教授 □讲师 □助教

★学校		★院/系	
★教研室		★专业	
★办公电话		家庭电话		★移动电话	
★E-mail（请填写清晰）				★QQ号/微信号	
★联系地址		★邮编	

★现在主授课程情况	学生人数	教材所属出版社	教材满意度
课程一			□满意 □一般 □不满意
课程二			□满意 □一般 □不满意
课程三			□满意 □一般 □不满意
其 他			□满意 □一般 □不满意

教 材 出 版 信 息			
方向一		□准备写 □写作中 □已成稿 □已出版待修订 □有讲义	
方向二		□准备写 □写作中 □已成稿 □已出版待修订 □有讲义	
方向三		□准备写 □写作中 □已成稿 □已出版待修订 □有讲义	

请教师认真填写表格下列内容，提供索取课件配套教材的相关信息，我社根据每位教师填表信息的完整性、授课情况与索取课件的相关性，以及教材使用的情况赠送教材的配套课件及相关教学资源。

ISBN（书号）	书名	作者	索取课件简要说明	学生人数（如选作教材）
			□教学 □参考	
			□教学 □参考	

★您对与课件配套的纸质教材的意见和建议，希望提供哪些配套教学资源：